歎異抄に学ぶ

高橋弘依

海鳥社

歎異抄に学ぶ◉目次

聖人の繰言

歎異つれづれ

聖人《しょうにん》の繰言《つねのおおせ》

総序

〔本文〕

竊廻二愚案一、粗勘二古今一、歎レ異二先師口伝之真信一、思レ有二後学相続之疑惑一。幸不レ依二有縁知識一者、争得レ入二易行一門一哉。全以二自見之覚悟一、莫レ乱二他力之宗旨一。仍故親鸞聖人御物語之趣、所レ留二耳底一、聊註レ之、偏為レ散二同心行者之不審一也、云々。

〔訓読〕

ひそかに愚案《ぐあん》をめぐらして、ほゞ古今《ここん》を勘《かんが》ふるに、先師《せんし》の口伝《くでん》の真信《しんしん》に異《こと》なることを歎《なげ》き、後学相続の疑惑《ぎわく》あることを思《おも》ふ。幸《さいはい》に有縁《うえん》の知識《ちしき》に依《よ》らずば、いかでか、易行《いぎやう》の一門《いちもん》に入《い》ることを得《え》んや。全《まつた》く自見《じけん》の覚悟《かくご》を以《もつ》て他力《たりき》の宗旨《しゆうし》を乱《みだ》ることなかれ。よつて、故親鸞聖人《こしんらんしやうにん》の御物語《おんものがたり》のおもむき、耳《み》の底《そこ》に留《とど》まる所《ところ》いささかこれをしるす。ひとへに同心行者《どうしんぎやうじや》の不審《ふしん》を散《さん》ぜんがためなりと。と云々。

（『歎異抄』金子大栄校注、岩波文庫版による）

これは総序と名づけられている。総序の文の感銘はどことどことという箇所でなく、私にとっては全文が感銘深いものである。

親鸞聖人の信心と異なりながら、逆にそれこそ聖人の教えであるかのように、異義を説く人は、聖人御在世のときにもあった。そうしたなかで、『歎異抄』第二条のように、遠くにあっても、はるばるでも、命をかけてでも尋ねて問いかけることのできる師匠を頂いていたとは何と幸せなことか。

しかし、聖人没後二十年もたてば、語り合う弟子も次第になくなっていくなかで、浄土教の根本義の乱れはかなり深まっていた。

著者唯円は、その異義のますます加速してしまうことを恐れ、素直に叙し、そのことが「先師口伝の真信に異なることを歎き」と、この書を『歎異抄』と名づけたことの意図を述べられる。

親鸞聖人との出遇いを慶び、聖人の教えによらなければ他力本願の真実の教えに入ることはできなかったのであろうとご述懐され、聖人御在世のとき、直接向かい合ってお聞きした聖人のお話のなかで、繰り返し繰り返し語られた「耳の底に留まる所」を記すことによって、歎異の規準とするための繰り言をあきらかにされたのである。

その御物語とは、第一条から第十条までの口伝の真信である。いままで述べてきたのは、自己のなかに動き出す異義と同心行者の疑問をなくすためである。

『歎異抄』と表題にあるように、唯円の著書として後半の第十一条から第十五条及び結文が主題なのであろうが、このたびはその主要部分には触れずに、唯円の「耳の底に留まる所」の聖人の仰せの繰言の第一条から第十条までに耳を傾けることにした。

横浜の五木寛之さんの自宅へ九州出身のフランス文学の翻訳を業とする青年が訪問して以来、今日まで交際が続いているという。その彼が五木寛之さんの全作品のなかで感銘した箇所を編集し『五木寛之の風景』の書名で編著している。その彼に五木さんは十五年もの間毎年「奨励金」を送ったという。よほどのスピリットなつながりがあるのだろう。

五木寛之の詳細な年譜まで作成しているという。私より私のことを知っているのは彼です、と五木さんは言う。

親鸞聖人も、私のことより私のことを知っているのは唯円だよと言っておられるようである。第一条から第十条こそ、親鸞より親鸞を知った者の言葉である。唯円の「耳の底に留まる所」こそ、私を時空を越えて聖人の御前に直参せしめ、跪《ひざまず》かしめる働きの言葉だったのである。

第一条　念仏にまさるべき善なきゆへに

〔原文〕

弥陀の誓願不思議にたすけられまいらせて、往生をばとぐるなりと信じて、念仏まうさんとおもひたつこゝろのをこるとき、すなはち摂取不捨の利益《りやく》にあづけしめたまふなり。弥陀の本願には、老少善悪のひとをえらばれず、たゞ信心を要とすとしるべし。そのゆへは、罪悪深重、煩悩熾盛の衆生をたすけんがための願にてまします。しかれば本願を信ぜんには、他の善も要にあらず、念仏にまさるべき善なきゆへに。悪をもおそるべからず、弥陀の本願をさまたぐるほどの悪なきがゆへにと、云々。

弥陀の誓願不思議にたすけられまいらせて、往生をばとぐるなりと信じて、念仏まうさんとおもひたつこゝろのをこるとき、すなはち摂取不捨の利益にあづけしめたまふなり。

ある作家が戦場に『歎異抄』を持っていったことが書いてあった。ある日、ちょっとした交戦だったが不安は襲ってくる。兵舎に戻り所持品のなかから『歎異抄』を取り出し、黙読を始めたが何も心に伝わってこない。『歎異抄』なんてこんなものかと所持品のなかへ戻した。

また、あるときいままでにない激戦となり、やっとの思いで兵舎に帰り、休息していると心に穴が空いたような虚脱感が襲った。そのとき、あれ以来手にしたことのない『歎異抄』を取り出し、もう周囲に気兼なしに声を出して読み始めるとあのときと同じ本と思われぬような、深い感動に包まれていったときのことが書かれていた。おそらく第一条から読み始められたことだろう。

この条文は、『歎異抄』の中心であり、総説といわれるように、親鸞聖人の言わんとされる全部がここに凝縮されているといってよい。

また曾我量深《そがりようじん》師は、第一条だけは暗記することを勧められたと聞いている。古典として、知識の対象としてそらんじるのでなく、その第一条のなかに親鸞聖人の全部がこめられている、この第一条がうなずければ、聖人の信心を全部いただけたことになる、といわれている。

ここでいう暗記とは身につけること。ノートに書いて思い出すというようなことでない。言葉が身となって日々のなかに働きかけてくるのである。

「弥陀の誓願不思議にたすけられまいらせて」とはどういうことだろう。
このことがなかなか受け取れない。
ここに名訳あり（毎田周一著『口語訳歎異抄』）、
「永遠の生命の透明な意志の働きによってこそ、
生れ変って真理の国へゆくのだと信ずる」。
信ずるとは必ずたすけると言ってくださったのだ。
そのお方のお心を直覚するのみである。
たすけると言ってくださるお言葉を、
そのまま受け入れるだけだろう。
「念仏」は強《し》いるものではない。

強いるほど醜い心があらわれる。
法然上人は念仏為本、
親鸞聖人は信心為本といわれしことを知らないと、
念仏が自《おの》ずからするところの他力の念仏であることを知らぬ。
信あれば念仏は自から出づるもの。
信心をもって本となすとは、
自力の念仏を鋭く断ち切って
「まうさんとおもひたつこゝろのをこるとき」、
口称念仏となる。

直覚の途端に口称念仏あるのみ、
自ら仏のみ名が湧いてくるだけだ。
その姿を「摂取不捨の利益にあづけしめたまふなり」とおっしゃった。
今ここに、この身このままで如来さまの大きなみ手のなかに、
抱かれて捨てられない安心決定の世界である。

生死の不安がすでに解決してあった。
すでにこの私は助けられていた身である。
いまこのままがですよ。
そのことを聞くことを信心という。

「たすけられまいらせて」とは、
如来さまの
お前は必ず仏になるとの仰せに従うばかり、
従うとは必ずたすけるとの仰せを受け入れることだろう。
交換条件じゃない、
無条件の救済だろう。
如来の仰せをただ信ずることができたこと、
そのことのほかにおたすけはなかろう。
妙好人の才市は言った。
「聞いてたすかるじゃない、たすけてあることをいただくばかり。

たすかるとはそりゃ無理よ、たすけてあることの、なむあみだぶつ」
「往生をばとぐるなり」を
世の人曰く、
行き詰まれば往生したという。
往生が死ぬことになっている。
不自由なことだという。
往生とは生活の見通しが開け、
真に生きることだろう。

世の人曰く、
行き詰まれば崩壊したという。
経済も政治も教育も、
崩壊は地獄になっている。
行き詰まりは何ひとつないのに。

仏の曰く、
「往生をばとぐる」とは
行き詰まるのでない、
誓願の成就をいう。
仏になることではないか。

「往生」とは人生の目的である。
この世と自己を肯定し、
これでよいのだとのんきに構えていては、往生の願いは起ってこないだろう。
不幸だからでなく釈尊のように恵まれたからこそ厭離《おんり》が起き、
この世とこの自己をもういやだと否定する問題なくして
清浄な世界の欲求は起りはしない。
自己は現に是れ罪悪生死の凡夫、
曠劫より流転して出離の縁ある
ことなき身と知れりとは、

善導の御釈なり。
現世の生に無有出離之縁とは、
まさにこれは死である。
現世の相対的世界に死し、
過去現在未来と流れる時間的生を捨て、
永遠の生命の働きの世界へ生れ変る。
ここにいう死とは全く駄目な奴で、
何の可能性も見出せない
ぐうたらな汚穢の自覚にほかならぬ。
肉体の死は死の象徴であって、
真実の死を肉体の死のみと見るは、
表面的な把握というもの。

自殺者が増加しているという。
気が弱く身勝手なところからか。

法を謗《そし》るとは自殺というものだ。
現世の発展と自己肯定は、ますます法を謗ることになろう。
それを自殺という。
不自由ではないか、
肉体の自殺には何の意味もない。
それは我欲の表現というもの。
死なねばならぬこの死とは、
「自己」の死。
利己心に死することによって
我建超世願と生れ出るのだ。
相対の世界に死し、絶対の世界に生れよう。
これを往生という。
往生とは絶対に他力的に成就する。
弥陀にたすけられてが、そのまま往生をばとぐるなりと信じてである。
そのことを信という。

利己心が消されたとは如来の摂取である。
我々は安心して、
あるがままに
悠々と生きればよい。
我ここに生くるである。

すなはち摂取不捨の利益にあづけしめたまふなり。

この世しかないと思う我らは、
生活の小さな不安に、
死別の大きな不安におののく。
生死の苦海に沈める我らは、
この最大の問題の解決もなく
人生を過ごしてしまう。
人生を安心して生きられる道あり。

生きていまここに浄土の門はあり。
その門に入るを信心定まれりという。
往生定まるというは、
浄土への往生の人生の始まりとは、
人間存在の大問題の解決のことだ。
如来の本願力によって
すでに助かることが成就していたのだ。
ああ、このことに気付き、喜びを知るを
「摂取不捨の利益にあづけしめたまふなり」という。
「摂取不捨」とは絶対の解放のことだ。
何をしてももう仏の胸のなかでのできごとだ、
何をやっても毫もさしつかえなし、
責任は仏にあり、
思うままに生きよと解放された。
こんな心強いことがどこにあろうか。

世と共に世を超えた、
永遠の現在の行為、
これを「利益」という。
他力的に解放され、
救済されし自由の実現である。

弥陀の本願には、老少善悪のひとをえらばれず、たゞ信心を要とすとしるべし。

弥陀の誓願を本願という。
本願の働きが我々に影響してくるのに、
人生経験とか、老練とか、幼稚だからだとか、
また世間的行為が善なのか、悪なのかは全く関係ないのである。
如来さまは老少善悪など全く気になさいません。
「たゞ信心を要とすとしるべし」と
仰せになっています。

信心が必要というのじゃない、
信心がすべての根本、
肝心要のこと。
人間にできるいちばん尊いことは何だろう。
おまえは必ず「仏」になるといわれ、
大いなる命の仰せに
小さな命は従うほかないであろう。
では大いなる命とは、
生きる生きると口ぐせに言う
この人生を生きる意義とは、
せっかく生れたのに死ぬとは、
五体満足の機能の働きを命というのですか。
いいません。
そのことを徹底的に追求されし
お方がいらっしゃいます。

お釈迦さまであり、
親鸞さまです。
命は人類の所有物じゃない。
人間も草花も鳥獣も、
同じ大きな無量寿の命。
草木国土悉皆成仏なり。

「弥陀の本願」は、
身体上の、老人とか若者とか、
老練とか幼稚とか、選ばれぬ。

精神上の善人とか、悪人とかも差別はされない。

どんな人でも限定もせず、資格も設けぬ。

無条件に救うと誓われる。

「知るべし」

「何を」

「信心を要とするべし」なることを。
弥陀を信ずる、
弥陀を頼むとは、
特別な心の働きをいうのでない。
弥陀の仰せをそのままに、
疑いなく、慮《おもんぱか》りなく、胸の蓋をとり、
自分の胸に真受けすることだろう。

そのゆへは、罪悪深重、煩悩熾盛の衆生をたすけんがための願にてまします。

「罪悪深重、煩悩熾盛」のこの一句は、
私そのものであるといえるか否か。
この一句を親鸞は親鸞一人のこととされた。
その親鸞に出会い、
そのいわれを聞くのである。

だから『歎異抄』の説明や解説などどうでもよい。
この一句を全面的に引き受けることが
できるか否かの、
人生に二つの道がある。
難行道、易行道である。
左か右かである。
罪悪深重、煩悩熾盛の衆生と
思っているか否か。
その通り悪人ですと、
この二字が私のこととなるとき、
自由・自在の道があたえられているのである。
人生の真の出発点であり、
真に人間らしい人生が始まる。
悪人を私のことと思っていません、違いますよという人は、
難行道の我慢の道をゆくより他はない。

現代人の不幸は凡夫が凡夫であるという
自覚の欠如にあり。
人のために善いことをした人も、
人のいやがる害を行った人も、
『正信偈』に「一切善悪凡夫人」と説かれ、
聖徳太子は十七条憲法に、
「共に是れ凡夫《ただびと》のみ」と仰られた。
特別の人間は一人も居ないということである。
凡夫はここにいました、
この私のことですとなぜ言えないのか。
利己心の根深さ、
欲と迷いが水と火の渦巻くがごとく。
たすかりようのないこ奴なのに、
このたすかりようのないものをたすけずにはおれぬ。
その心が本願でしょう。

本願を受け入れたとき、
身は煩悩具足、汚穢のままなれど、
心は如来とひとしく、
心はつねに浄土に居《こ》すものなり、
と教え給う。

しかれば本願を信ぜんには、他の善も要にあらず、念仏にまさるべき善なきゆへに。

自由なければ苦悩あるのみ。
路傍の小石の下の
名も知らぬ雑草の萌え、
ここにも世界の苦悩がある。
自由なくして、
生命を生命あらしめることはない。
自由であってこそいのちの本来の願求が湧き出てくる。

さすれば他の善も要としない。
人間的・相対的・道徳的な善こそ「他の善」である。
熱き男女の愛にも、
親愛なる友情にも、
一途な子への愛情にも、
人間の行為のすべてに、
おれがという利己心が
どこかにひそんでいる。
甘い言葉、やさしい言葉には、
だまされやすい毒が奥深くひそんでいる。
「他の善」とは雑毒の善の別名であり、
そんな善は問題にならない。
要にあらずと切って捨てられる。
軒先の樋《とい》の近く、
名もない雀の幼な子の囀《さえず》り、

ここにも世界の歓喜はある。
完全な善とは我々の生命を
生かさしめるもの、
それ「念仏」である。
その念仏も、意識的に称えねばならぬから称えようでは、
自力の念仏であり、他の善となる。
本願を信じ念仏もうす。
もう本願におまかせしてゆくのみ。
生かすも殺すも如来のみ心のままに、
もう如来におまかせするほかないと信じたとき、
念仏も自ずと出でくるのだ。
それこそ「念仏にまさるべき善なきゆへに」である。

悪をもおそるべからず、弥陀の本願をさまたぐるほどの悪なきがゆへにと、云々。

悪をもおそるべからず。
善行をし、悪を行じては、
自分でやったと、喜んだり、悲しんだりしている。
他力のお働きを忘れている姿だ。
人間のどんな行為も他力なのに、
他力なくして指一本動かせない、
それなのに悪いことをしたといっては苦しみつづける。
責任能力があるとでもいうのか。
如来の仕事をとるでない、
思い上りもはなはだしい、
私がお前にやらせたのだ。
責任は私にあるのだよ。
私なくして悪のひとつもできないのに、
だから責任は私にあるのだよ。
「悪をもおそるべからず」と、

呼びつづけている私の声が聞こえなくなっているのだろう。
重ねて言うよ、
すべての悪いことも私がやらせたのだと。
絶対他力によるのであって、
あなたの責任はどこにもないのだから、
「摂取不捨」といったでしょう。
なんでもやりかねない、
欲するままになさしめられて、
「悪をもおそるべからず……悪なきがゆへに」とは、
常識の立場や倫理の立場、
世界の宗教の立場からは、
あきれ果てた、馬鹿馬鹿しい、
問題にならぬと一笑ものかもしれない。
ところがである、
他力による絶対自由こそ、

無条件の救済だからこそ、
何でもおやりない。
「悪をもおそるべからず」
安心せよと呼びかけてくださる。
この一句子を親鸞のほかに
歴史上に誰がいい得たというのか。
真理の極点にほかならないこの一言が世界中を走り出せば、
世界人類の救済はあるというのに。

第二条　よきひとのおほせをかぶりて、信ずるほかに別の子細なきなり

〔原文〕

をの〳〵十余ケ国のさかひをこえて、身命をかへりみずして、たづねきたらしめたまふ御こゝろざし、ひとへに往生極楽のみちをとひきかんがためなり。しかるに、念仏よりほかに往生のみちをも存知《ぞんち》し、また法文等をもしりたるらんと、こゝろにくゝおぼしめしておはしましてはんべらんは、おほきなるあやまりなり。もししからば、南都北嶺《なんとほくれい》にも、ゆゝしき学生たち、おほく座《おは》せられてさふらふなれば、かのひと〴〵にもあひたてまつりて、往生の要よく〳〵きかるべきなり。親鸞にをきては、たゞ念仏して弥陀にたすけられまひらすべしと、よきひとのおほせをかぶりて、信ずるほかに別の子細《しさい》なきなり。念仏は、まことに浄土にむまるゝたねにてやはんべるらん、また地獄におつべき業《ごふ》にてやはんべるらん、総じてもて存知せざるなり。たとひ法然聖人にすかされまひらせて、念仏して地獄におちたりとも、さらに後悔

すべからずさふらふ。そのゆへは、自余《じよ》の行をはげみて仏になるべかりける身が、念仏をまうして地獄にもおちてさふらはゞこそ、すかされたてまつりてといふ後悔もさふらはめ、いづれの行もをよびがたき身なれば、とても地獄は一定《いちぢやう》すみかぞかし。弥陀の本願まことにおはしまさば、釈尊の説教、虚言なるべからず。仏説まことにおはしまさば、善導の御釈、虚言したまふべからず。善導の御釈まことならば、法然のおほせそらごとならんや。法然のおほせまことならば、親鸞がまうすむね、またもてむなしかるべからずさふらふ歟。詮ずるところ愚身の信心にをきては、かくのごとし。このうへは、念仏をとりて信じたてまつらんとも、またすてんとも、面々の御はからひなりと、云々。

をの〳〵十余ケ国のさかひをこえて、身命をかへりみずして、たづねきたらしめたまふ御こゝろざし、ひとへに往生極楽のみちをとひきかんがためなり。しかるに、念仏よりほかに往生のみちをも存知し、また法文等をもしりたるらんと、こゝろにくゝおぼしめしておはしましてはんべらんは、おほきなるあやまりなり。

第二条の張りつめた、緊張感溢れる文章を拝読すると、心がざわめいてくる。

当時の関東の人たちのあわただしさが、目に浮かぶようである。

親鸞聖人、洛中にご在住の八十歳のはじめの頃、長男の慈信房善鸞の秘事法門と、日蓮上人の四箇格言に惑わされ、動揺を続ける関東の門侶はついに動き出した。

親鸞聖人が京都へお帰りになり、月日が随分と経過すると、関東の念仏者のなかに異変が起きた。歳月の長い流れのなかで、聖人の教説とは異なる人たちが出てきたのである。そのなかでも聖人の長男善鸞は門侶に向かって言った。

父親鸞は表向きを言っていたのである、念仏のほかに深い法文があり、ただ念仏して救われるのではないと言いふらした。その法文は、夜中に父から「念仏よりほかの法文」といって、秘かに相伝されたものだと言いおどした。

ただ念仏して往生するのだと信じていたのに、念仏のほか特別な法文があるらしいと、ますます動揺は広まっていった。その動揺のなかを聖人に真意をお尋ねせねば、生きるに生きられぬと門侶たちは上洛することになった。

旅に疲れてはいるが、眼前の門侶の鋭い眼光の底に、往生極楽のみちは、第十八願の念仏であるが、ほかに秘義の法文があるのですかと、問い聞かんがための上洛と見破っての発声が本文の「おの〳〵十余ヶ国のさかひをこえて云々」である。

関東の人たちが命より大事なものを知っていた。身命を顧みず、仏法を聞くものだということを……。

どう問い返されても、念仏よりほかに往生のみちも、念仏よりほかの法文を存知しているなどと思われては、見当違いも甚だしいとの聖人の息吹が、時空を超えて、いまにも聞こえてきそうな対話が展開していったのである。


仏法も大事だが、身体も大事、仏法と命とどちらが大事か、やっぱり身命が大事ということになる。平穏な生活あっての仏法でしょうということになる。これが世間並のことだろう、仏法のため身命を惜しむなとは全く方向が逆である。死ぬ覚悟なくして何ができますか。命をかけてでも聞ける、師匠をもっていた関東の人たちの倖せをしみじみと思う。

ここがはっきりしなければ、仏教というものが全体として明らかにならないものである。

暁烏《あけがらす》敏《はや》著『進撃はどこまで』の一節を紹介しよう。身命を顧みずしてが一層はっきりする。

まだ若い頃、明治三十三（一九〇〇）年の七月から東京の方に私はまゐりました。清沢先生の御薫陶のもとに育てられて居りましたが、たしか明治三十五年の夏頃だったと思ひます。

先生は東京の本郷の東片町の三十五番地の浩々洞にお出になりました。その頃赤坂の商人が先生のもとを訪ねて、自分は生活について苦労をしてをる、どうも商売してをると正しい道をいかれない。嘘をいわないとどうもならんことがあって苦しいといふことを訴えられた。その時先生ははっきりと、苦しいなら嘘などいはんがよかろうとおっしゃった。云わんでは商売が出来ません。商売ができにゃ止めたらよかろう。止めたら生活が出来ません。生活とは何ですか。飯が食へません。食へぬなら食はんでをったらよかろう。食はんだら死にますよ。食へんだら死んだらよかろう。死んだら仕方ありません。その時、先生は、はっきりと、死ぬことの決心がなくて何が出来ますかと、云われました。私が清沢先生に習うたことはその点であります。よくあの頃パン問題が出ました。安藤君などはパン問題をしきりに云ひました。その解決を与えられて喜んでいたようであります。これが一番かなめであります。私は宗教は別のことでないと思います。食へなんだら死ぬ、これだけです。大体我々の命は我々が心配して出来た命ではない、我々が心配するより、食はして育ててやらにゃおかんといふ広大な力があってこそ今日まで育って居るのです。

親鸞にをきては、たゞ念仏して弥陀にたすけられまひらすべしと、よきひとのおほせをかぶりて、信ずるほかに別の子細なきなり。

「親鸞にをきては」の名告《なの》りとは、
自分一人にひきうけられし味わいを
告白されし名乗《なの》りである。
偉大なる言葉、
力づよい言葉だ。
その偉大な力づよい響きは
どこより来る。

自己の全身心を投げ出させる師匠ありて、
生くるも死するもこの師と共にという
念仏あればこそである。
このたゞ一人の師匠という師弟であればこそ、大安心の歓びが湧いてくる。
「たゞ念仏して」とある。
念仏とは仏に会うことである。
念とはどういうことだろう。

また一切経の上における念仏の相を見ますと、あの首楞厳経と摩登伽経に書いてある阿難の念仏を思い出します。（中略）そのとき阿難は、ふと釈尊を思ひ浮かべた。自分はどうしてこんな女の家に来ただろうか、と悪夢から覚めた様な気持になった。すぐその家を逃れて釈尊の許へ帰られたといふことです。阿難は釈尊を念ずることによって女の家から逃れることが出来た。これが念仏です。

（暁烏敏著『歎異抄講話』）

阿難が釈尊を思い浮かべられた。
それはただ一人の師匠を
思い浮かべたもの。
師匠なき人生の空しきことよ。
大いなる永遠のみ名を呼んで、
その胸に抱きとられてこそ、
真の人生の歓喜はあると
よきひとから聞いて、
ただ真受けしているだけである。

「よきひと」とは、
「たゞ念仏して弥陀にたすけられまひらすべし」と、
私を地獄から抱きとってくださったお方は、
ただの人間ではないのですよ。
人を救うことのできる人でしょう。

だからよきひとといわれたのである。
知識を教えられたというのでも
善い人というのでもない。
わからない仏教を教導してくださった深い学識と、
高い人格を兼備されし人でもないのである。
理想的タイプに人は憧れるが、
それでもないでしょう。
よきひとの場合は、
人と人との好感関係が問題ではない。
その人を通して「おほせをかぶりて」が問題であろう。
まさしく「たすけてくださったお方」である。
親鸞聖人はよきひとにおいて「如来と直談判」されたものである。

今日の寺院は学校は、
「よきひと」に出会う場所になっているのだろうか。

親鸞聖人にとっての「よきひと」とは、
法然上人のことなのである。
法然という形をもった仏だったのである。
「信ずるほかに別の子細なきなり」と、
法然上人の言葉をそのまま信じて念仏する。
上人の法音は消えても、
実語がいまもこの身に仰せとして聞こえてくるものである。
上人の言葉はそのまま仏の言葉、
だからこそ私の全存在をそっくりそのまま
お救いくださった人そのものなのである。

いづれの行もをよびがたき身なれば、とても地獄は一定すみかぞかし。

どんな難行・苦行の修行すれども、
何一つ身につかないものだなあ。

幼児・小学・中学と教育を受けては
はてさて高校・大学にまで学び、
一人の人間像が出来るが、
何か身についたというのだろうか。
ゲーテは、『ファウスト』のなかで四十過ぎの男が深い人生の問題につき当り
悩んでいるさまを次のように書いている。

はてさて、己は哲学も法学も医学もあらずもがなの神学も熱心に勉強して、
底の底まで研究した。
そうしてここにこうしている気の毒な馬鹿な己だな。
そんなくせなんにもしなかった昔よりちっともえらくはなっていない。

社会のいたるところに書籍はあふれ、
世界の情報は居坐ったたまま
手にとどく環境を生きている。

知識や技術は広くも深くもなり、
世渡り上手の人間になっても、
裸姿の人間性はどうだというのだ。
肩書きに頼り世評ばかり気にしている。
大物の政治家は今でも言う、
悪賢さがなくては政治はできぬと
テレビで言い放つ。
そんなにこせこせ、けちけち、
くよくよ、きょろきょろと他ばかり気にしないで、
自己の内の奥の奥、底の底まで
じっくりと見るがよかろう。
じっくりとは自力ではない、
他力の働きによるほかはないでしょう。
悲しきかな「とても地獄一定すみかぞかし」と悲嘆せずにはおれぬだろう。
何をしても駄目な奴だなあ。

ああ地獄は避けられぬ、
ああ地獄こそ住家である。
それ以外にないのだと存じ、
そのとき我を抱きかかえ、
はぐくみ育てられし
限りなきいのちと光に出会う。
その永遠のいのちは
百重千重となり、
森羅万象の一切が我を救わんがため、
囲繞し給う世界だったのだと目覚めしめられる。

詮ずるところ愚身の信心にをきては、かくのごとし。このうへは、念仏をとりて信じたてまつらんとも、またすてんとも、面々の御はからひなりと、云々。

親鸞聖人から「面々の御はからひ」と、

このような言葉がでたのである。
それは面々が絶対の個性によって
生きているということだろう。
お互の上に絶対自由を願うのみの生活者は、
忤《さから》うことなきを宗とする念仏者である。
愚身の信心においては、
人と論争してまで
自己の説を強要したり、
しぶとく自己主張し、
自己の説を正当化し、
相手が承認するまで
諦め切れない支配者になろうとはしない。
念仏者には
そんな支配欲は要とせずである。
念仏を信ずるも

捨てるも一人一人の勝手だよ。
念仏するのかやめるのか、
その間にはなんにもありゃしない。
右か左かそのどっちだ。
自力か他力か、
その間にはなんにもありゃしない。
信ずるか疑うか、
その間になにもありゃしない。
拝跪するか背を向けて去るか、
その間になんにもありゃしない。
別れるなら別れなさい。
念仏がすてられるならお捨てなさい。
無他方便。
念仏はとどのつまり
万人に開かれた道。

世界にただ一つの宗教によって、
この無礙の一道によって、
全世界の人々にまもられて
息を一つにしているのだった。
念仏を捨てるなら捨てよといわれても
もう念仏は捨てられはしない。
捨てれば不自由な世界あるのみ、
捨てられるような念仏じゃない。
はっきりと、
聖人のお声が耳もとに聞こえてくる。

面々の御はからひなり

親鸞聖人は人々を
そのままに放置される。

人には好きなことをやらせ、
自分は好きなことをやる。
人のことは構わぬこと。
構ってもよくはならぬし。

やりたいこともしないで、
好きなこともしないで、
他ばかり気にして
君は一生を終りたいのか。

やろう好きなことを。
やろうやりたいことを。
せっかく人間に生れたのだ。
我行精進忍経不悔
なむあみだぶつ

第三条　善人なをもて往生をとぐ、いはんや悪人をや

〔原文〕

善人なをもて往生をとぐ、いはんや悪人をや。しかるを世のひとつねにいはく、悪人なを往生す、いかにいはんや善人をやと。この条、一旦そのいはれあるににたれども、本願他力の意趣にそむけり。そのゆへは、自力《じりき》作善《さぜん》のひとは、ひとへに他力をたのむこゝろかけたるあひだ、弥陀の本願にあらず。しかれども、自力のこゝろをひるがへして、他力をたのみたてまつれば、真実《しんじつ》報土《ほうど》の往生をとぐるなり。煩悩具足のわれらは、いづれの行にても生死をはなるゝことあるべからざるをあはれみたまひて、願をこしたまふ本意、悪人成仏のためなれば、他力をたのみたてまつる悪人、もとも往生の正因なり。よて善人だにこそ往生すれ、まして悪人はと、おほせさふらひき。

善人なをもて往生をとぐ、いはんや悪人をや。しかるを世のひとつねにいはく、悪人なを往生す、いかにいはんや善人をやと。

人は死すべきもの、
善人も悪人も最後は死するもの。
老少善悪の人の死するに変りなし。
善人悪人いずれも往生をとげる。
善人悪人とて変りはないのである。
しかもなぜ悪人の方が往生しやすいのか、
善人の方が往生際が悪いのか。
善人はこの世に役立つ、
なくてはならぬ者だとのこの世に未練がつよいからだろう。
「往生を」と「とぐ」の関係は、
往生が平生（現生）からのことだからだ。
往生に向って平生（現生）が定まっているのだろうか、

そのことが問題となる。
善人でさえ救われるのだ、
悪人はなおさら救われるのは言うまでもないだろう。
「いはんや悪人をや」とは、
現生において方向が決定するのは
善人より悪人が容易ということ。
往生の生とは、
生々発展の真理の働きである。
絶対無とも、
無常とも、
永遠の生命ともいう。
かかる生命と一となるを死といわず、生命の創造というのである。
まさに「往生」である。
生命の尖端の飛躍。
然るに世間の常識はそうではない。

悪人でさえ救われるのなら、
善人はなおさら救われるのだという。
どこか浮いた感じがする。
救いの真相は迫ってこない。
現世の肯定が常識だからだろう。
常識は断絶を知らない。
相対的善悪が間に合わぬのは
能力の限界といってよい。
全く自力無効となる、
これ超世の消息である。
浄土の門に立つ。
信の目覚め、
死して生きる。
まさに往生とはこのことだ。
常識では、

善悪の判断の誤りなきことが
人生を安全に通過できるのだと信じ、
信じては裏切られる。
この世の善悪はあの世では通用しない、
そのことを知らないからだ。

しかるを世のひとつねにいはく

「世のひとつねにいはく」とは
道徳的立場。
宗教は道徳の延長線上にあると思っている。
道徳と宗教の関係は、
近くて遠い、
味方のようで敵である。
その断絶の関係が道徳と宗教である。

人は極端に「悪」という言葉には敏感な拒否反応を示すだろう。
悪人とは自立心と責任感が乏しく根性が腐っていて
甲斐性のないのにぜいたくはしたい、
なまけてよい目にあいたいといった不道徳な者をいう。

「善人」とは善悪の判断が強く、
悪を捨て善をとる
能力のあるもの。
改良改善に積極的な
世のため人のために尽力な者。
世間からほめられ、
重宝がられると有頂天になり、
なんでもできるような気になって、
わがことも自分の力で
改心改良できる自己の存在を

価値ある人間と思い込み、
思い上っているとも気付かず、
自分こそ世間に役立つ人間と
本気に思いこんでいる者のことである。

煩悩具足のわれらは、いづれの行にても生死をはなるゝことあるべからざるをあはれみたまひて、願をこしたまふ本意、悪人成仏のためなれば、他力をたのみたてまつる悪人、もとも往生の正因なり。よて善人だにこそ往生すれ、まして悪人はと、おほせさふらひき。

悪人とは「煩悩具足のわれら」であった。
具足といわれたのは、
欲と怒りと無知が底知れず深いところでとぐろをまいている。
それを「われら」といわれる。
この煩悩具足のわれらといわれたところに親鸞聖人はわれ一人といわず、

共にわれらとぐっと抱き締めてくださる慈悲に接する。
しかし、接するのは一人一人の自覚にある。
「いづれの行」といえども、
人間のすべての能力を駆使しても、
それは妄念妄想にすぎない。
国際関係での連合、
国内の政治改革といえども、
「いづれの行にても」である。
そのいずれの行である
この世の生活を離れるのだ。
自己が砕かれる、
そこにしか自由はない。
しかし、砕いても砕いても、
残る自己。
生が死に脅かされている生活。

相対的な生活から、
この世の生活から、
そらごとたわごとまことあることなしと。
社会生活から離れるとは何だろう。
世と共に世を超えんである。
この生死超脱は、
自己を以てしては
自己は砕かれぬ。
なぜか。
砕かねばという自己がそこに残るからである。
そこをあわれみたまわれるのである。
あわれみの関係とは、
絶対他力のお働きである。
私たちの苦しんでいることを、
その他力の働きによって

単に苦しんでいるのではない自己を見せしめられ、
苦悩のほかなき自己に目覚めてこそ救済はあると体験するのだ。

法蔵菩薩の発願されし
弥陀の誓願。
本来のまことに遇うのである。
そのことは悪人成仏のためであった。
たすけずにはおかない。
如来のお目当てとは、
煩悩具足のわれらと
同悲同苦されし「われら」と知らしめられる。
それはまた、
他力をたのみたてまつる悪人であり、
その悪人こそ
「もとも往生の正因なり」と

たすけずにおかない
正客のわれであった。
悪人を正客というは、
悪人そのものが法だったのである。
悪人になるというのでなく
悪人であること、
そのことが往生の正因なのだ。
悪人の自覚によって救われるとは、
源信僧都は極重悪人と言われた。
この胸のすくような「悪人」の二字とは、
悪人そのものという。
どうせ悪人だからと捨鉢になるのでない、
それでは自他共に傷つく。
仏の絶対の光にてらされたことであり、
仏のお心には善人と転じたのである。

現に救済されつつあるとは、
『歎異抄』の全篇から「悪人」の二字を頂戴することである。
悪人と目覚ましめられることで
束縛と障りから解放され、
責任の重荷が肩からはずされる。
芯から悪人なのだから
悪臭しか産み出せない身だった。
善人になろうとしても、
その能力もないのに
あせってばかりいたこの私と、
自覚することである。

第四条　慈悲に聖道・浄土のかはりめあり

〔原文〕

慈悲に聖道・浄土のかはりめあり。聖道の慈悲といふは、ものをあはれみ、かなしみ、はぐくむなり。しかれども、おもふがごとくたすけとぐること、きはめてありがたし。また浄土の慈悲といふは、念仏して、いそぎ仏になりて、大慈大悲心をもて、おもふがごとく衆生を利益《りやく》するをいふべきなり。今生に、いかにいとをし、不便とおもふとも、存知のごとくたすけがたければ、この慈悲始終なし。しかれば、念仏まうすのみぞ、すえとをりたる大慈悲心にてさふらふべきと、云々。

「慈悲」を考察するに適当な文があった。それは『毎田周一全集』に掲載されている。仏伝の大綱を紹介しよう。『文部省尋常小学国語読本』巻十二第十九課「釈迦」である。大正十二年の六年生の教材であった。

釈迦は今から凡そ二千五百年前、北インドのヒマラヤ山のふもとカピラバスト王国の太子として生れた。釈迦は生れつき同情の念に厚く、何事も深く考へ込むたちであった。或時、父王と共に城外に出て、農夫の働く様を見廻ったことがある。ぼろを着た農夫は玉のやうな汗をかいて田をすき起こし、牛はつかれ果て、あへぎあへぎ働いている。折から飛下りて来た鳥が鍬に傷つけられた蟲をついばんだ。木陰からじっと見てゐた彼は、しみじみと自分の身の上に思ひ比べて、農夫や牛の労苦を思ひやると共に、蟲の運命をあはれんだ。

彼はだんだん物思に沈むやうになった。それを見てひどく気をもんだ父王は、彼に妃を迎へ、目もまばゆい宮殿に住まはせて、国政にもあたらせようとした。しかし彼は城外に出る毎に、杖にすがるあはれな老人や、息もたえだえの病人、さては野辺に送られる死者をまのあたりに見て、益々世のはかなさを感じた。

「人は何の為に此の世に生れて来たのか。我々の行末はどうなるだろうか。」

こんな事を次から次へと考へては、遂に心の苦しみにたへられなくなって、

「この上は聖賢を訪うて教を受ける外はない。」

と思ひ立つに至った。

父のいさめも妻のなげきも、此の決心をひるがへすことは出来なかった。かくて彼は二十九歳のある夜、人知れず宮殿を出て修行の途に上った。

師を求めてあちらこちらさまよってゐるうちに、マガダ国の首府王舎城の附近に来た。かねて釈迦の徳をしたってゐたマガダ国王は、修行を思ひ止らせようとして、自分の国をゆづろうとまで申し出たが、彼の決心はどうしても動かなかった。彼は更に其の辺の名高い学者を尋ね廻って説を聴いたが、どれにも満足することが出来ない。彼は遂に、

「もう人にはたよるまい。自分一人で修行をしよう。」

と決心して、或る静かな森へいった。さうして此処で父王の心尽くしから送られた五人の友と、六年の間種々の苦行を試みた。

次第にやせ衰へて、物にすがらなければ立てない程になった時、彼はいくら苦行をしても更に効のないことを知った。そこで彼は先づ近所の河に浴し、たまたま其処にゐた少女のさゝげた牛乳を飲んで元気を回復した。ところが此の新たな態度に驚いた五人の友は、釈迦が全く修行を止めてしまったものと思ひ、彼を捨てて立去

った。

それから釈迦はブッダガヤの緑色濃き木陰に静坐しておもむろに思ひをこらした。今度は程よく食物も採り、休息もした。さうして日夜次々に起って来る心の迷をしりぞけて唯一筋に悟の道を求めた。

或時のことである。彼は夜もすがら静坐してひたすら思をこらしていると、やがて一点の明星がきらめいて、夜はほのぼのと明けそめた。其の刹那、彼は迷いの雲がからりと晴れて、はっきりとまことの道を悟り得た。彼は此の心境の尊さに数日の間唯うっとりとしてゐたが、やがて此の尊い心境を世界の人々と共にせずにはゐられぬといふ慈悲の心が、胸中にみなぎりあふれた。

釈迦は世を救ふ手始として先づかの五人の友をたづねた。かつて釈迦を見捨てた彼等も、其の慈悲円満の姿を見ては、思はず其の前にひざまづかざるを得なかった。彼等は釈迦の教を聴いて即座に弟子となった。

続いて釈迦はマガダ国王をたづねてねんごろに道を説聞かせ、更にカピラバストに帰って、父王・妻子を始め国民を教化して故郷の恩に報いた。

今や釈迦は衆星の中の満月の如く国中から仰がれる身となったが、中には彼をそねむあまり、反抗するばかりでなく、迫害を加へようとするものさへも出て来た。殊にデーバダッタは、いとこの身でありながら、かねてから釈迦の名望をねたみ、幾度か彼を害しようとした。或時の如きは、釈迦が山の下にゐるのを見付けて、上の方から大石をころがしたが、石は釈迦の足を傷つけただけで、目的を果すことは出来なかった。

釈迦は八十歳の高年に及んでも、なほつづれをまとひ飢と戦ひつゝ、各地を巡って道を伝へてゐたが、遂に病を得てクンナガラ附近の林中に留った。危篤の報が伝はると、これまで教を受けた人々が四方から集って別れを惜しんだ。いよいよ臨終が近づいた時、釈迦は泣悲しんでゐる人たちに、

「私は行はうと思ったことを行ひ尽くし、語らうと思ったことを語り尽した。これまで説いた教そのものが私の命である。私のなくなった後も、めいめいが其の教をまじめに行ふ所に私は永遠に生きてをる。」

と諭して静かに眼を閉ぢた。

子供に与えられた文章といえども、これほどの仏伝を今日の日本の大人たちは、どれ

位把握しているだろうか。

「慈悲」についてこの文章を熟読し、第四条の聖道・浄土の慈悲を味わっていこうと思う。

釈迦滅後七百年余り経過した頃、印度の龍樹菩薩は『十住毘婆沙論《じゅじゅびばしゃろん》』の「易行品《いぎょうぼん》」に、「仏法に無量の門有り、世間の道に難有り易有り、陸道の歩行は即ち苦しく、水道の乗船は則ち楽しきが如し、菩薩の道も亦是の如し」と説かれている。仏道修行の立場に難行道・易行道と大別されたのである。更に、中国の梁の曇鸞《どんらん》大師は難行道を自力門といい、易行道を他力門とされ、その伝統に立って道綽禅師は難行道を聖道門といい、易行道を浄土門と名づけられた。

慈悲に聖道・浄土のかはりめあり。

聖道の慈悲と
浄土の慈悲のかわりめとは、
両者に違いがあるということだが、

その違いとは比較を意味しない。
「かはりめ」とは必須条件ということ。
聖道の慈悲を
とことん極めて限界を知ったとき、
浄土の慈悲に触れるのである。
絶対の自由へと
生かしめられるばかりである。

「聖道の慈悲」といって、
この世で苦悩を除き
楽を成就せんとする立場。
もう一つは、
「浄土の慈悲」といって、
あの世で生れ変り
仏になる道のこと。

この地上の、現在の生活で、
自分の思いで善行をし、
自分のことで悩むだけでなく
他人のことを自分のこととして悩み、
人をいとしむ道、
これを聖道の慈悲という。
人間として生きんとする者、
また、自由を求めないものはなかろう。
その自由についてのことだが、
物心つきはじめ、
人生に出発せんとする心に
わきおこるもの——
なせばなる、きっとやってみせる。
努力するぞ、頑張るぞ。
道徳的に傾き、

たすけたりたすけられたりと、
相互扶助と隣人愛を叫ぶ。
そこに理想に燃える
青年の姿がある。
人として人生を出発するとき、
人間は社会人として
聖道をめざすものだということ。
偽らざる姿なのだ。
しかし、いつしか
この若き求道者も、
ああしようこうしようと
自分の力をもとに
頑張ってはみたものの、
水に絵を画けるが如く
理想は崩れ、

何もできない自分だったと
気付きはじめる。
どうにもならないものだと、
絶望の心境に開かれた。
それが「かはりめ」というのだった。
その聖道の慈悲をつくさずしては、
それが悪いというのではなく、
むしろ、その前段階なくしてはという
必須条件であったのだと目覚め、
他力の大道へと転入する。
他力の妙用に
この身を乗托するための
道筋であったということこそが
「かはりめ」ということになる。

聖道の慈悲といふは、ものをあはれみ、かなしみ、はぐくむなり。しかれども、おもふがごとくたすけとぐること、きはめてありがたし。

この世で抜苦与楽を証しするとは、
生きとし生けるものをして
憐み、見つめられ、心にかけていとおしみ養育されねばならぬ。
しかし、自分の思い通りに、
善いことをして世のなかの人を
いとしいと思っても、
どん底の利己心が邪魔をする。
利己心とは他はどうでもよい
自らの生命が楽しめればよいという心なのだ。
愛には憎しみが伴う。
人は中途半端な愛を本物のごとく
人の目をごまかして持ち廻る、

それを持続するには……。
しかし、我身のかわいさが阻む。
愛の深さと、
利己心の堅固さは比例する。
名聞利養といえば、
例えば政治家の話だが、○○党は足を引っ張る、
我が党は頭を引っ張っているのだと言うのだが
どん底の利己心において一つである。
競走社会だから優越感に立つか、
劣等感にうなだれるかを繰り返しながら現在を生きている。
世間心に埋没して、
人々の評価や
人の眼を気にしながら、
自分の足で歩いていない者が、
どうして、徹底的に救うことができようか。

先に利己心といったが、
我々はこの利己心から脱することができるのか。
「たすけとぐる」とチャレンジはしたものの、
根底の利己心は「てこ」でも動かぬ。
ついには正体を現し、
ばけの皮がはがれる。
清心を起こすが、水に流れるごとくもとの利己心あるのみ。
「きわめてあり難し」と嘆くのみ。
他を犠牲にしては一日も生きていけない自己である。
自己中心でありきわめてたすけとぐること不可能である。
聖道の慈悲の道徳的立場の限界を知らされる。
「きわめてあり難し」の徹底性に、
必然的に罪悪深重、煩悩熾盛がえぐり出される。
そこから逃げ場のない自己は宗教的立場へと転入せざるを得ないのである。

また浄土の慈悲といふは、念仏して、いそぎ仏になりて、大慈大悲心をもて、おもふがごとく衆生を利益するをいふべきなり。

聖道の慈悲の行き詰まりとは、
自己の行き詰まりだろう。
自分は何でもできる、
できない筈はないと自惚れていた。
涯しなき大空に向って梯子をのぼる自己の足許はくるい、
思いがけない転落がおきた。
落ちてほかならぬ煩悩具足の凡夫の自己に突き当たったのだ。
自己崩壊の音が「南無」である。
しかし、このぐうたらな「曾無一善の凡夫」であったのだ。
救い難き者、その自己に跪《ひざまず》かざるを得ない。
この中途半端な何事もなし得ない自己をぐっと抱きしめて、
離すことのないわが命を、ここにかくあらしめる働きが絶対他者の働きであり「南無阿弥陀仏」ともいう。
お前は必ず救われる、
救うぞという如来の喚び声が、
私の耳もとに聞こえてくる。
お前を救わずば仏にならじとの大慈悲心に、
「南無阿弥陀仏」と称うれば十方無量の諸仏の眼に
浄土の慈悲が光り輝き、
百重千重囲繞されしことに気付く。
そのときだ、
このままでよいという
何ら改良改善の要求もなく、
「いそぎ仏になりて」と言われるのが聞こえる。
何ら身をつくろう必要もない、
ありのままでこいと言われるとき人は安らぐ。
そのままというほどのいそぎはない、

念仏とは死して仏と等しくなる、
往生の現生における決定である。
生きとし生けるもの一つも余さず救済するという、
おもうがごとき絶対他者の働き、
絶対他者の救済があるばかり。

今生に、いかにいとをし、不便とおもふとも、存知のごとくたすけがたければ、この慈悲始終なし。

この世でいかに不憫で
かわいそうとあわれんでも、
思い通りに救うことはできない。
矛盾にみちみちた世界だから。
やさしくすればつけあがり、
きびしくすればすねるし、

親切も過ぎると背かれる。
愛がねたみや憎しみにもなる。
はじめよくて後悪し。
一貫性もなく、
徹底性もない。
熱しやすくさめやすいし、
程よく面倒を見ていたが、
いつしか仲違いになる。
中途半端で身勝手な、
いい加減な慈悲に過ぎない。
それというのも根底に
利己心があるからのことである。

しかれば、念仏まうすのみぞ、すえとをりたる大慈悲心にてさふらふべきと、云々。

「しかれば」とは、
懺悔のない欲望のこの時代、
忘恩のこの時代、
恥を捨てたこの時代、
思い上りはさらに上へと思い上る時代。
誰の世話にもならないと、
頭は下げない時代にあって、
仏を相手にする方向にゆく時、
この現生において「大慈悲心」が確定する。
しかればとは、
罪悪深重、煩悩熾盛の自己の
ありのままの相に絶望する
この絶望から一つの道が開かれる。
社会が暗いというが、
その自己こそ暗闇だったと気付くだろう。

すると一筋の光が我が身をてらす。
智慧の光明の働きにてらされた信心の人には
この世は変りはしない。
しかし「慈悲始終なし」がただ念仏申すこととなったとき、
「すえとをりたる大慈悲」へとこの世は一転する。
一切衆生が拝まれ、一切衆生はたすかってゆく。
これは凡夫の行ではない、
如来行である。
それは「すえとをりたる」一貫性と徹底性があるというのだ。
聖道の慈悲に絶望し、
念仏申す絶対他者の真実が
現生に徹底した大慈悲心であり、
まさしく衆生解放の大行である。
慈悲とは衆生の苦悩を見る目。
苦悩がどこから来るのか、

鋭く見抜く目。
その苦悩は思い上りから来る。
邪見驕慢心が苦悩を起す根である。
自己中心的な生活態度から苦悩なき現生は成り立つのか。
その思い上りを滅却せんとするものが浄土の慈悲である。
浄土の慈悲の世界とは物柔らかな世界。
衆生の苦悩を見るところ、
そこに説法がある。
苦悩の根因を払わんとして説法がある。
慈悲の行は説法の他にない。
衆生の苦悩を見、
苦悩の根源を取り除く
自然の理に生きる人。
その先人から伝えられる。
人が人に触れるとは、

人が人に会うことである。
その人こそ智慧即慈悲の人である。
その浄土の慈悲に出会ってこそ、
私たちは真に生きることができる。
仏法は謗るとも聞けと先達は言う。
慈悲心は毛穴からでも滲み込み、
私を育ててくださるのである。

第五条　一切の有情はみなもて世々生々の父母兄弟なり

〔原文〕

親鸞は、父母《ぶも》の孝養のためとて、一返にても念仏まうしたること、いまださふらはず。そのゆへは、一切の有情はみなもて世々生々の父母兄弟なり。いづれもいづれも、この順次生に仏になりてたすけさふらふべきなり。わがちからにてはげむ善にてもさふらはばこそ、念仏を廻向して父母をもたすけさふらはめ。たゞ自力をすてて、いそぎ浄土のさとりをひらきなば、六道・四生のあひだ、いづれの業苦にしづめりとも、神通方便をもて、まづ有縁を度すべきなりと、云々。

親鸞は、父母の孝養のためとて、一返にても念仏まうしたること、いまださふらはず。

誰かが「父母の孝養」のために、念仏を申すと言った。

それを聞かれた親鸞は、

「父母の孝養のためとて、一返にても念仏まうしたること、いまださふらはず」

と。


八歳ですでに両親を失われた聖人は、少年から青年の修業の時代にあっても、父母への思慕は深まっていかれたのでありましょう。

その思いの深まるなかでの求道心との葛藤が、「親鸞は」と名告り、強い語調で本音を申されたのである。


宗教とは本音の世界。

世間は建前の世界といってもよい。

建前とは道徳の立場を意味する。

親鸞は道徳を無視されはしない。

道徳の客観性の認識を尊重せらる。

父母の孝養とは、
亡き父母に対して、
現に生きています両親に、
孝行を尽くすことだろう。
「身体皮膚《はっぷ》これを父母に受く」と。
父母への孝行は道徳の根本であり、
道徳一般として代表的表現でもある。
道徳と宗教。
建前と本音。
両者の関係はどうなっているのか。
先祖供養、父母への追善供養、
そんな建前のために、
親鸞は一返にても
念仏は申したことはない。
念仏は道徳的な意味をもたない。

念仏はただ宗教的な行であるのみ。

そのゆへは、一切の有情はみなもて世々生々の父母兄弟なり。

仏の教えは、
父母の概念を、
生きとし生けるものすべてへと拡げる。
草木国土、生きとし生けるもの、
この世界の全存在は、
父母であり、
兄弟である、
姉妹である。
しかも世々生々と
世代の交代しながら、
種は芽を出し芽は種となり、

大いなる命は連続する。
我を生みし親のみが
親にあらずと、
「一切の有情」を
親と同格として、
道徳的奉仕をすべきだろうと
釈尊は教え給うた。

私はあなたの子ではありません、仏の子ですと言われし釈尊と父親との対話をご紹介しよう。

釈尊成道の後日、カピラバストへお帰りになったときのこと、父の王様が自ら城外にまでお迎えになると、向うの方から貧しい姿をした人が、手に鉄鉢を持ってはだしで歩いて来る。今は仏陀の悟りを聞いて三界の大導師となられた釈尊である。父の王様は我が子のみじめな姿をご覧になって、

「どうしてお前はそんな浅ましい姿をしておるのか、手に持っておる鉄鉢は何のためだ」

とおっしゃると、釈尊は、

「これは家々から食物を貰う器であります」と申されました。父の王様は一層あわれに思われました。

「どうしてお前は人の前に立って、食を乞うようになったんだ。聞けばお前には、沢山の弟子があるというのだから、食物もいるだろう、食物がいるなら、いくらでもいうて来るがよい」

「でもこれは、我が家のきまりでありますから仕方がありませぬ」

「お前は我が子じゃないか。我が家は王家であって、決して人に物を乞わねばならぬ家柄ではない」

「でも私はもうあなたの子ではありませぬ」

「それでは誰の子というのだ」

「我が身体はあなたの子でありますが、しかし、もう私は仏陀となったのですから、心の親は仏陀であります。ですから、私は、今はあなたの子ではありませぬ。

仏の子です。仏の家のきまりでは、食を乞うて暮すのであります」と申されました。はるばると城外までお迎えに出られたお父さんとしては、存外に思われたであろうと察せられます。それを押し切って「私はあなたの子ではありませぬ。仏の子です」といわれた釈尊の毅然たる態度を感ずるのであります。

（『暁烏敏全集』七巻）

いづれもいづれも、この順次生に仏になりてたすけさふらふべきなり。

「いづれも……たすけさふらふべきなり」となれば、道徳的に父母の教養のための念仏は、念仏を私し、廻向して追善供養するという自力の計らい、利己心の根深さを示すものとなる。そこに「順次生に仏になりて」が挿入されると趣は一変する。「順次生に仏になりて」とは、いづれの行も及び難き身であるこの私、今生においてはこの身このままでは、道徳の遂行はどうしても不可能と目覚めたことを証明する言葉となる。

親鸞の道徳に対する厳しい自己内省の言葉がそこにある。親鸞は道徳を決して軽く見ておられない。その証拠がこの「順次生に」である。道徳に客観的に肯定しても、実践的には能力不能と完敗の主体的否定となる。

「この次生まれる世でこそ、仏になって」という。今生では絶対仏になりえないということを意味する。

人間生活に落第であり、世の中に合わす顔のないことを、仏教とは負けることと見つけたりと、お摂《おさ》め取って救うと誓われし仏、その仏に向うほかに道はない、その心こそ念仏であり、その念仏により救済されるのである。


わがちからにてはげむ善にてもさふらはばこそ、念仏を廻向して父母をもたすけさふらはめ。


「念仏」が自分の力で励む善根であるならば、念仏のよき働きを父母にさし向け、たすけるということもあるだろう。

そこから人々は念仏を称えよう。

お花を手向けよう、
お香を手向けよう。
それでは念仏が、
親孝行の手段になったり、
困れば南無阿弥陀仏と利用するは
浅ましいばかり。
このようなお念仏は自力の念仏である。
我が力にて励む善なんてありはしない。
自我崩壊こそ念仏というもの。
自力無効と否定されるものであり、
人のために念仏するのじゃない。
念仏は仏に向うてゆく心である。

たゞ自力をすてて、いそぎ浄土のさとりをひらきなば、我こそはと思い続けてきた。
この我が、
これほど価値なきものかと
他者によって「自力」はすてしめられる。
自力我慢の角は折れ、
それは自力無効と
ただ「死すべきもの」として
絶対他者の前に全身を投げ出さざるをえない。
そこから「いそぎ」が始まる。
あちらへこちらへでない、
「浄土へのさとり」へと標準に向かって、
一歩一歩、
この浄土へ近づいていているというのだ。

六道・四生のあひだ、いづれの業苦にしづめりとも、神通方便をもて、まづ有縁を度すべきなりと、云々。

どんな生き方、
どんな生れ方であろうと、
すべて欲と迷いのなかにあって、
「業苦」のうちにある。
苦は誰かが作ったものでない。
自らなした行為の結果によるもの。
自業自得にほかならない。
自我の最大最強の結果が
戦争である。
業縁の催さば
いかなる振舞をもすべしとは、
業苦を生ずるも縁である。
業苦を排除するも縁である。

そこに何の固定されるものはない。
自然の流れのままに、
ただ因縁所生の法あるのみ。
今日一日といえども
世界中の因縁所生によるほかない。
その一つが欠けても今日はない。
我らの苦もまた然り。
業苦に沈める我らの解放は
ありうるのか。
ありうるとすれば、
いかにして可能か。
まず苦悩からの解放は、
苦の因がどこにあるかを
探求すべきだ。
悲劇の因は慢にあるように、

苦の因はつねにすべて自我であり、思い上りにある。
自我の崩壊こそが
自我からの解放である。
「我」とは、こうでなくてはならぬ、
そういうように決めていることをいう。
しかし、潰しても潰しても
残るのが自我である。
それは超越した絶対他者の力に
よるほかはなかろう。
これが神道方便をもてである。
仏のみ心が人の心に宿り、
融け合うていく。
不可思議な力が
真実を現さんがための働きによって、
いかなる世界、

いかなる出生であろうと
自分の思うままにならぬ、
業苦の乱れた世の中なれば、
先ず自らがたすからねばならぬ。
仏にならねばならぬと、
それから親、兄弟姉妹、
一切衆生の一人一人が
度さるべきであると、
絶対他力のおはからいである。
ただ念仏申すのみぞ、
末《すえ》通りたる大慈悲心にて候うべき
という念仏である。

第六条　親鸞は弟子一人ももたずさふらふ

〔原文〕

専修《せんじゅ》念仏のともがらの、わが弟子、ひとの弟子といふ相論《さうろん》のさふらふらんこと、もてのほかの子細なり。親鸞は弟子一人ももたずさふらふ。そのゆへは、わがはからひにて、ひとに念仏をまうさせさふらはばこそ、弟子にてもさふらはめ、ひとへに弥陀の御もよほしにあづかて念仏まうしさふらふひとを、わが弟子とまうすこと、きはめたる荒涼のことなり。つくべき縁あればともなひ、はなるべき縁あれば、はなるゝことのあるをも、師をそむきて、ひとにつれて念仏すれば、往生すべからざるものなりなんどいふこと、不可説《ふかせつ》なり。如来よりたまはりたる信心を、わがものがほにとりかへさんとまうすにや、かへすぐ〵もあるべからざることなり。自然《じねん》のことはりにあひかなはば、仏恩をもしり、また師の恩をもしるべきなりと、云々。

「往生とは私の人生観が破れて、如来の人生観に入れ替ること」と「同朋松坂」に掲載されていた。曾我量深師は「往生の生は生まれるというほかに、生きるという意味がある」とご教示くださった。

今日では、社会一般において「どこかに行ったが道路が悪くて往生した」とか「彼と一緒に仕事をしたが頑固な奴で往生した」という具合に困惑した場合に使っている。「仏陀」の場合は「ぶつだ」、「仏《ぶつ》に帰依し奉る」の場合も「ぶつに帰依し奉る」と発音するが、社会一般では「ほとけ」と発音している。ほとけ、みほとけである。

親鸞聖人は善光寺の如来の御名をもしらぬ守屋たちが、そのとき疫癘《えきれい》が流行したのは、こんなものを拝むからだと、ほとおりけと申したという、つまりほっとけということである。それから守屋のたぐいはみなともに、ほとおりけと申すようになった。そのように「ほとけ」と守屋が申すので、ときの外道はみなともに如来をほとけとさだめたのだとお教えになった。

今日では本来の意味を逸脱した「ほとけ」つまり外道の言葉を僧侶ともに何の疑いもなく使っている。「ほとけ」からくるイメージは迷信と深く関わってくる。

人間の功績についても同じことが言える。明治の文明開花の立役者福沢諭吉翁については、有名な「天は人の上に人をつくらず、人の下に人をつくらず」が代表とされる翁の思想は欧米思想が根底にあるというのが定説である。学校教育では、諭吉は西洋思想が生んだ文明開拓の第一人者として徹底した教育をした。その影響は、今でも多くの日本人がそう思い込んでいるということになる。果してそうだったのか。中国、韓国との戦争責任に関わる歴史教科書問題の重大性と同様、諭吉の思想の真実性についても、本気で見直さねばならないのではないか。

そのことについて、平成十二（二〇〇〇）年一月十八日付、「西日本新聞」に連載された「九州の思想」に福岡大学教授大嶋仁の「仏教の力　独立自尊と真宗の精神　諭吉の底にある宗教性」の記事があったので紹介しよう。

福沢の背景には仏教があったというのが私の持論である。彼の家が浄土真宗だったというのは決して偶然とはいえない。

「啓蒙家」として大成したのちも、本願寺との接触を保った彼である。また、彼の母親は並大抵の門徒ではなく、人知れず慈善をほどこしもすれば、団体と一緒に寺参りするのだけは遠慮するという奇特な人であった。（『福翁自伝』）

そういう母の感化を受けて育った息子が、そのまま信心深い門徒になったとはいえないにせよ、母の宗教的感性を受け継いでいないはずがない。彼が生涯尊敬した日本人は親鸞と蓮如だったという。

（福沢三八『父諭吉を語る』）

やはり心の底では真宗門徒であった、と思わざるを得ない。

福沢の生涯を貫く「独立自尊」の姿勢、それは西洋思想からくるのではなく、「親鸞は弟子一人ももたず」（『歎異抄』）という浄土真宗の精神から発していると思われる。日本の近代精神が幕末の九州の福沢に発するのだとすれば、仏教的な精神と近代との関係はもう一度見直さねばならないことになろう。

大嶋仁の記事を読みながら、諭吉の底にあった「親鸞は弟子一人ももたず」について、『歎異抄』第六条を拝読することにしよう。

専修念仏のともがらの、わが弟子、ひとの弟子といふ相論のさふらふらんこと、もてのほかの子細なり。

専修念仏者同士が弟子争いをするとはもってのほかと
厳しく否定されたのである。
自分で自分がどうにもならず、
ついにお手あげとなり、
もう念仏申すほかない人たちから、
わが弟子、ひとの弟子と
差別の論争が生じるとは
とんでもないことだ。
本来謙虚に学んだ教えなのに
いつしかその教えが私有化され、
私が教えた、
私が伝えたのだとの支配欲から
わが弟子が生まれ集団化していく。
とんでもないことだ。

集団化は教義の論争となり、
宗派が生じ、
宗派根性に固執し、
他の集団の教義をなじり、
論争も激化する。
とんでもないことだ。
念仏の一道に帰し、
救われるほかない者に、
論争のありえよう筈はない。
当然のことであり、
論争なんて
とんでもないことだ。

自分のことは自分でどうにでもできる、
どうにかなると自力をつくすが、

行き詰まり絶望せざるを得なくなったとき、
そこに「ただ念仏」と称名念仏のほかはないとよみがえった人たちだ。
その歓びを必然的に教えざるをえなくなった。
そこから教える人、伝える人を中心とした集団が自然にできる。
これは私の弟子、
あれは私の弟子でないと区別する。
そこから集団同士の争いも起ろう。
縄張り拡張の強化は、
わが弟子ひとの弟子と決めては拘束し私有化となる。
とんでもないことだ。

親鸞は弟子一人ももたずさふらふ。

覚如上人の『口伝鈔』六章によると、わが弟子ひとの弟子の論争は御在住の京都でなく、関東で起きていることが、手紙や人づてに伝えられ、それについて語られたのが、この『歎異抄』第六条となったのではなかろうか、『口伝鈔』では次のごとくである。

一、弟子同行をあらそい、本尊聖教をうばいとること、しかるべからざるよしの事

常陸の国新堤の信楽坊、聖人親鸞の御前にて、法文の義理ゆえに、おおせをもちいもうさざるによりて、突鼻《とつび》にあずかりて、本国に下向のきざみ、御弟子蓮位坊もうされていわく、「信楽坊の御門徒の儀をはなれて、下国のうえは、あずけわたさるるところの本尊をめしかえざるべくやそうろうらん」。「なかんずくに、釈親鸞と外題のしたにあそばされたる聖教おおし、御門下をはなれたてまつるうえは、さだめて仰崇の儀なからん」と云々。聖人のおおせにいわく「本尊聖教をとりかえすことはなはだ、しかるべからざることなり。そのゆえは、親鸞は弟子ももたず、なにごとをおしえて弟子というべきぞや。みな如来の御弟子なればみなともに同行なり。念仏往生の信心をうることは、釈迦、弥陀二尊の御方便として発起すると、みえたれば、まったく親鸞が、さずけたるにあらず。当世たがいに違逆のとき、本尊聖教をとりかえし、つくるところの房号をとりかえて、信心をとりかえすなんどいうこ

と、国中に繁昌と云々。返す返すしかるべからず。本尊聖教は衆生利益の方便なれば、親鸞がむつびをすてて、他の門室にいるということも、わたくしに自尊すべからず。如来の教法は総じて流通物なればなり。しかるに、親鸞が妙号ののりたるを法師にくければ袈裟さえの風情に、いといおもうによりて、たとい、かの聖教を山野にすつというとも、そのところの有情群類、かの聖教にすくわれて、ことごとくその益をうべし、しからば衆生利益の本懐そのとき満足すべし。凡夫の執するところの財宝のごとくに、とりかえすといい義あるべからざるなり。よくよくこころうべし」とおおせありき。

（『口伝鈔』）

「もてのほかの子細なり」とは
なんという厳しい表明だろう。
その否定的な態度表明だから
誰がなんと言おうとも
自己の全責任において、
「親鸞は」と固有名詞で名告り、

問題提起に応えられるのだ。
「親鸞は弟子一人ももたず」と。

教えを受けるとはどういうことだ。
親鸞はこういった、
ソクラテスはこういったと、
深い意味もわからず、
やたらに先人の
言葉を引用したり
羅列したりするのは、
思い上りの表れかもしれない。
先人と同列の立場に立っているからだ。

先人の言葉の智慧によって
俎上の自己が打ち破られての引用なら、

教えを受けたということになろう。
いつも大切なことは、
この私一人が教えを受けているということ。
常に師と一対一で対決する、
この立場を忘れてはならない。
忘れるとき他人に対して法を説く、
教えを説くことになる。
そこからわが弟子ひとの弟子が出てくる。
教師たるもの、
「親鸞は弟子一人ももたず」の洗礼を受けよ。

善導と法然。
法然と親鸞。
法然は偏依善導といい、
親鸞は弟子一人もなしと、

ただよきひとの仰せをこうむるばかり。
ただ一人の師あり。
他を見ず、
一人の師匠を見る。
『更生の前後』（暁烏敏著）には、次のようにある。
一、師匠を沢山もっている人と師匠をもたぬ人とは、まだ自分の道の発見出来ない人であります。
一、沢山の神仏を拝みまはる人と、少しも神仏を拝まぬ人はまた真実の世界の発見出来ない人であります。
一、唯一人の師匠、唯一体の仏にのみ事へうる人は幸福なるかな
この師とならば地獄の底をも厭わない、
かかるひたむきな弟子道。
障礙《しょうげ》する何ものもなし、

弥陀の弟子であって、
人の弟子にあらずと。

厳しいお心を『教行信証』の「信巻」には次の如く述べられた。

「真仏弟子といふは、真の言は偽に対し仮に対するなり、弟子とは釈迦諸仏の弟子なり。金剛の行人なり、この信行によって、必ず大涅槃を超証すべきが故に、真仏弟子といふなり」

また覚如の『口伝鈔』には、

「親鸞は弟子一人ももたず、なにごとををしへて弟子といふべきぞや、みな如来の御弟子なれば、みなともに同行なり」と述べられた。

蓮如上人はお文に次のごとく教示くださった。

「故聖人のおほせには、親鸞は弟子一人ももたずとこそおほせられ候ひつれ、その由へは如来の教法を十方衆生にとききかしむるときは、ただ如来の御代官をまうしつるばかりなり、さらに親鸞めづらしき法をひろめず、如来の教法をわれも信じ、人にもをしへきかしむるばかりなり、そのほかはなにををしへて弟子とはいはんぞとおほせられつるなり、さればとも同行なるべきものなり、これによりて聖人は御同朋御同行とこそかしづきておほせられけり」

念仏の行者は弥陀の弟子であって、ひとの弟子は一人も存在しないのである。同じ命の線上にあって仏を念ずる同朋としてかしずかれた聖人の温かいお言葉として、覚如、蓮如上人によって伝えられてきたのである。

そのゆへは、わがはからひにて、ひとに念仏をまうさせさふらはばこそ、弟子にてもさふらはめ、

弟子一人ももたず。
親鸞は決して師匠にあらず。
人師の地位を棄てられしお方。
親鸞の救済の告白とは、
仏の立場に立って
「詮ずるところ愚身の信心におきては

かくのごとし。
このうへは念仏をとりて、
信じたてまつらんとも
またすてんとも、
面々の御はからひなり」と。
如来の本願は
親鸞一人がためなりけりである。
弥陀と私と絶対的に決するとき、
親鸞が救われる念仏に絶対力がある。
だから自分の力で
人に念仏申させることはできはしないと、
むしろそこには信を歓び合う
御同朋御同行があるばかりである。

ひとへに弥陀の御もよほしにあづかて念仏まうしさふらふひとを、わが弟子とまう

すこと、きはめたる荒涼のことなり。

如来のお誘いによって
身に受けた念仏。
ただ仏恩報謝の念仏を、
私の力であなたに申させたとでもいえば
この上もない途方なことである。

つくべき縁あればともなひ、はなるべき縁あれば、はなるゝことのあるをも、師をそむきて、ひとにつれて念仏すれば、往生すべからざるものなりなんどいふこと、不可説なり。

来るものを拒まず、
去るものを追わず。
つくべき縁あればともないへと動き、

はなるべき縁あればはなるる方へ動く。
この世の全て縁ならざるはなし。
この師をはなれ、
別の人を師と変えて、
念仏の一道を歩むようなことになれば、
往生はありえない、
救われない
などということは、
言い切れないものである。
全く根拠もなければ
言うべきことではない。

如来よりたまはりたる信心を、わがものがほにとりかへさんとまうすにや、かへす〴〵もあるべからざることなり。

親鸞の頂いた信心は、
仏の心が願われて出《いで》しもの。
信心とは如来より賜るもの。
信心を自分の所有物と思い込み、
自分の思い通り、
あっちへやったり
こっちへ取ったり
できるものだと思っているから、
「わが弟子」というのだろう。
信心を人を救うための手段にしては、
信心を私することになる。
その所有する主観を抹殺される、
働きそのものが如来なのだと、
弟子争いの具体相を指摘し、
決してあってはならないことだといわれる。

自然のことはりにあひかなはば、仏恩をもしり、また師の恩をもしるべきなりと、云々。

「自然《じねん》」とは、自らなる。
「ことはり」とは、物事の道理。
「あひかなはば」とは、忤《さから》いのないすがた。
それが自然な立場であろう。
ゲーテは、
「自然には秘密はない。
すべては明らさまに露呈されている」
といった。
それでは不自然な立場とは、
聖人の御和讃にある、
「是非しらず、

邪正でもわからぬ
この身なり。
小慈小悲もなけれども、
名利に人師をこのむなり」
本来下にあるべきものが、
人の上に立って
人師をこのみ、
人に教えんとするは、
自然のことわりに
あいかなわぬという。
弥陀の救済の慈悲に
生かされている今を歓んだのに、
掌を返すごとくに、
自分が師となって
人に教えようとするは、

自然のことわりに
あいかなわぬという。
自然のことわりにあいかなうとは、
本来の底下に帰り、
一切を拝跪するにほかなき我は、
自分が弟子となって
仏の救済へと導いてくださった
師を仰ぐところに、
偽らざる命の真実相はある。
そのことが、
包まれて抱かれて、
我なき我が
生かされている真実相である。
これが、恩をしるである。
人間の世界は弟子道において、

自然のことわりはある。
このことが、
恩をしるといい、
跪《ひざまず》く心そのものである。

第七条　念仏者は無礙の一道なり

【原文】

念仏者は無礙《むげ》の一道なり。そのいはれいかんとならば、信心の行者には天神・地祇も敬伏し、魔界・外道も障礙《しやうげ》することなし。罪悪も業報を感ずることあたはず、諸善もをよぶことなきゆへに無礙の一道なりと、云々。

念仏は南無阿弥陀仏である。
南無が阿弥陀であったと気付く。
その南無が無礙であり、
阿弥陀仏が一道である。

「念仏」は、
何ものにも妨げられず
何ものにも捉われることのない。
行くところ道ならざるはない
絶対自由の生活者である。
そのいわれは
どうかというなら、
称名念仏の人は
外物に捉われているように見えても、
自己への捉われであることを
教えによって深く知らされている。
自我や分別に捉われるとき、
礙は衆生につくものなれば、
生を受けてから死にいたるまでのすべてが、
親も子も他人も、

それは権力、道徳、習俗、禁忌など
世の様々が
障礙《しょうがい》となることを、
教えによって気付く人である。

親鸞は「無礙」とはかくの如き意味があるといわれた。
「無礙といふは
さわることなしなり
さわることなしと申すは
衆生の煩悩悪業に
さへられざるなり」（「尊号真像銘文」）

念仏者の快活な生活の前に、
天の神も地の神も敬い伏す。
自己を投げ出し、

障りなき自由の境涯を獲得し、
快活な念仏者の生活の前には、
天地を守るはずの神々も
その役目を失い、
ただ念仏者に頭が下るばかり。
拝むものが拝まれる。
一切に跪《ひざまず》くもの、
徹底して頭の下った者に
対立はない。
対立なければ障りなし、
障りなければ怖れなし。
清沢満之師曰く、
「外物を追うは、
貪欲の源なり。
他人に従うは、

瞋恚《しんい》の源なり」
暁烏敏師曰く、
「已れこれ悪魔なり」と。
そもそも仏法を妨げる悪魔も、
仏法以外の教えや思想も、
外界にあるのでなく
内界のことである。
それは私の姿であったのだ。
他を妨害するか、
他を味方に引き込むやり方も、
自己の姿であったのだ。
念仏者は、
その対立を超えるのだ。
超えるとはすべてのものに
南無するのである。

都合が悪くなったり、
悪い結果が出ても、
この罪悪から
逃れようとはしない。
業報として戴く。
よく人の口にする、
自業自得である。
これがなかなか難しい。
やむを得ずして起る
罪悪なれば、
責任を他に転化するでもなく、
逃げかくれもせず、
どうせ業だもの、
その報いだものと
固執し持ち廻らず、

言い訳もせず、
過去の弁解もせずして、
過ぎ去りし
出来ごとも問わず、
罪悪深重なるもの、
この罪悪に全身を
打ち委せてしまう。
それが業報を感じようにも
感ずることなき
独立者の姿なのだ。

諸善とは倫理であり、
道徳である。
総じて善悪を存知しない、
道徳的判断を越えた

念仏者の生活には、
倫理も道徳も及ばない。
あの善この善というような
相対的善、
人間的善に捉われない。
念仏の絶対自由には、
諸善も及ばない。
念仏者の、
己れ是れ悪魔なりと
すくっと立ち止りし
独立者の宣言を、
「念仏は無礙の一道なり」
という。

罪悪も業報を感ずることあたはず、

私自身が極重悪人であり、
罪悪深重の何ものでもない。
大悪の塊。
住みかは地獄。
地獄の業火に燃えさかっている。
その悪の塊そのものが、
善いことができたり、
悪いことが止められると、
のんきなことをいっている。
罪悪と善良の比較も
区別もつけようがないのに、
これは罪悪とどう断定するのか。
私は悪い人間である、
私は罪深い人であると、

告白したり
反省したり
嘆息したり
泣いたりするのだが、
そこには、
悪とは何かと
じっと見ている
もう一人の自分がいるではないか。
善人になっているのである。
物事にせいいっぱい、
必死に
突き当たっている人間には、
誰がどう言おうと、
罪悪の自覚に徹しているから、
「罪悪」も「業報」もない。

だから悪が起れば、
逃げかくれもしない、
弁解もしない、
業だ報いだと持ち廻らない。
絶対自由の境涯に遊ぶ。
それが罪悪も業報も
感ずることがないのであると、
悠々とした、
真底快活な人間がいる。

最後にもう一度
「無礙の一道なり」と
締めくくられたのは、
念々称名常懺悔。
念々称名常讃嘆の、

ひたすらな念仏者の生活を
礼拝せずにはおれない
親鸞聖人のお言葉が
聞こえてくるのである。

第八条　念仏は行者のために非行・非善なり

〔原文〕

念仏は行者のために非行・非善なり。わがはからひにて行ずるにあらざれば、非行といふ。わがはからひにてつくる善にもあらざれば、非善といふ。ひとへに他力にして、自力をはなれたるゆへに、行者のためには非行・非善なりと、云々。

「念仏は行者のために」とは、念仏を称える人にとってである。称える人にさまざまなスタイルがあるということになる。念仏を善きこととして善きことをなすために称えるという者もいるので、そうした人々へ親鸞聖人は自力の揆無《はっぷ》を願われるのである。その親鸞聖人について次のようなことがあった。

寛喜三年に関東を襲った大飢饉は、関東の農民に大きな被害を与えた。そうした環境のなかでその難を『浄土三部経』（大無量寿経・観無量寿経・阿弥陀経）千部読誦の自力念仏の助業をもって、利益を関東の衆生に施そうとしたことが、妻恵信尼の手紙によって明らかになっている。

その手紙はまさに念仏の行者のために書かれたものであるといってよい。それは親鸞聖人御往生あそばして約五十日目に妻恵信尼から末娘覚信尼へ送られたものであって、内容は次のごとくである。

ぜんしん（善信）の御房、寛喜三年四月十四日は午の時ばかりなり、かざ（風邪）心ちすこしおぼえて、そのゆふ（夕）ざりよりふ（臥）して大事におはしますに、こし（腰）ひさ（膝）をもうたず、てんせいかんびゃう（看病）人をもよせず、ただおと（音）もせずしてふしておはしませば、御身をさぐればあたたか（暖）なる事火のごとし、かしら（頭）のうたせ給事もなのめならず、さてふして四日と申あか（暁）月、くる（苦）しきに、まはさてあらんとおほせらるれば、なにごとぞ、たわごととにや申事かと申せば、たわごとにてもなし、ふして二日と申日より、大きゃう（経）をよむ事ひまもなし、たまたまめ（目）をふさげば、きゃう（経）のもんじ（文字）の一時（字）ものこらず、きららかにつぶ（具）さんみ（見）ゆる也。さてこれこそ心へ（得）ぬ事なれ、念仏の信じん（心）よりほかには、なにごとか心にかかるべきと思て、よくよくあんじみれば、この十七・八ねんがそのかみ、げに（実）げにしく三ぶ（部）きゃう（経）をせんぶ（千部）よみて、すざうりやく（衆生利益）のためとてよみはじめてありしを、これはなにごとぞ、じしんけうにんしんなんちうてんきゃうなむ（自信教人信難中転更難）とて、身づ（自）から信じ人をおしへて信ぜしむる事、まことの仏おん（恩）をむくゐ（報）たてまつるものと信じながら、みやうごう（名号）のほかにはなにごとのふそく（不足）にて、かならずきゃう（経）をよまんとするや、と思かへしてよまざりしことの、さればなほもすこしのこる（残）ところのありけるや、人のしうしん（執心）じりき（自力）のしん（心）は、よくよくしりよ（思慮）あるべしとおもひなしてのちは、きゃう（経）よむことはとどまりぬ。さてふ（臥）して四日中あか月、まはさてあらんとは申せとおほせられて、やがてあせ（汗）たりてよくならせ給て候し也。三ぶ（部）きゃう（経）げに（実）げにしく千ぶ（部）よまんと候し事は、しんれんぼう（信蓮房）の四のとし、むさし（武蔵）のくに（国）やらん、かんづけ（上野）

のくにやらん、さぬき（佐貫）と申ところにてよみはじめて、四五日ばかりありて、恩かへしてよませ給はで、ひたち（常陸）へおはしましして候しなり。しんれんぼうは日つじ（未）のとし三月三日のひにむまれ（生）て候しかば、ことしは五十三やらんとぞおぼえ候。

こうちゃう（弘長）三ねん二月十日

ゑ（恵）信

この手紙の内容を少し訳してみる。

善信の御房（親鸞）は寛喜三（一二三一）年四月十四日の正午ごろから風邪ひき気分になったので、その日の夕方から床につきましたが、大分様子が苦しいようでした。それなのに私（恵信）に腰・膝をうたさせもせず、はなから全く看病人もよせつけず、静かに音一つたてずやすんでおりましたので、そっと身体に手をやると火のように熱うございました。ご自分で頭をおうちになることもひととおりではございませんでした。

さて床について四日目の明け方、苦しいのに「ああ、そうだ」と仰せられたので私は

「何ごとですか、たわごとでも申されましたか」とたずねたところ、「たわごとではない、床について二日目から大無量寿経を読みつづけているが、たまたま目をふさぐとお経の文字が一字も残るところなく、はっきりときれいに見えるのです。

さてこれは理解し難いことだがな、念仏の信心よりほかには、何事が気掛りになろうかと思って、よくよく考えてみると、建保二年の十七・八年の昔、一所懸命に三部経を千部読んで、衆生利益になろうかと読みはじめたのです。するとこれはどうしたことかと『自信教人信、難中転更難』といって、弥陀の本願をみずから信じ、これを人に教えて信じさせることは、難しい中にも極めて難しいことである。

だが、自ら信じ、人に教えて弥陀の誓願の不思議にたすけられ念仏者となってくださることが、ほんとうに仏恩に報いたてまつるものと信じていながら、名号のほかになんの不足があって、どうしてもお経を読もうとしているのかと思いなおして三部経千部読むことを止めたことがありました。だからなおそのことが少しばかりどこかに残っていたのでしょうか。人間の執着心自力作善といって、善を上へ上へと積み重ねようとする信心は、よくよく考え直さねばならぬと思い直して後は、お経を読むということをしなくなったのです。

さて床について四日目の明け方、『ああそうだ』と言ったのです」と親鸞は仰せられると、しばらくして汗が流れて、風邪がおなおりになりました。

三部経を本気で千部読もうとされたことは、信蓮房（恵信の長男）の四歳のときで、関東の武蔵国であったのか、それとも上野国であったろうか、越後から佐貫というところに着いたとき、読みはじめられ、四、五日ばかりたって、思い直して三部経を読まれなくなって、すぐに常陸国へいかれたのです。

信蓮房は建暦元（一二一一）年三月三日の昼、生まれていれば、今年は五十三歳になっている筈です。

これが手紙の全内容であるが、親鸞は二度にわたって、「助業をこのむもの、これすなわち自力をはげむひとなり。自力といふは、わがみをたのみ、わがこゝろをたのむ、わがちからをはげみ、わがさまざまの善根をたのむひとなり」（『一念多念文意』親鸞晩年の著）と他力の念仏者らしくない態度に出たという事実は、一時的とはいえその自力執心との戦いこそ絶対他力への必須条件として、常識としては、隠すだろうことを敢えて隠さず事実は事実であり、大事なこととして、父親鸞の姿を妻恵信尼は娘覚信尼へ知らせたかったからだろう、そうしか思えないのである。
手紙にあるごとく、いくつもの難をのり越えた、念仏の布教活動のなかから、行者の事実を背景として語られた、この第八条の善人顔をした道徳的根性の深さを指摘されたのである。

念仏は行者のために非行・非善なり。わがはからひにて行ずるにあらざれば、非行といふ。わがはからひにてつくる善にもあらざれば、非善といふ。ひとへに他力にして、自力をはなれたるゆへに、行者のためには非行・非善なりと、云々。

名号とは南無阿弥陀仏である。
仏のみ名を称えることを
口称念仏という。
ひたすら
弥陀の本願力にあずかって
念仏申すこと。

称えるとは他力のこと。
その念仏を
称える側の人に立っていうなら、
修行も善行も、
「非行」であり
「非善」である。
自分の思慮や判断で
よきことをなすための
よきこととして称えるのならば、
自力の念仏としてきらわれる。
ひたすらに念仏とは、
煩悩具足の身と
気付かしめられるそのとき、
弥陀の誓願の不思議な働きに
自ら頭が下り、

その働きのみ名を
呼ばずにおれぬのである。
それを他力という。
蓮如上人は、
「煩悩は起らば起れと
相手にせず、
念仏申すがてにて候」
と仰せられた。
自力の働きで煩悩を断ずるでない。
煩悩具足の身なれば、
自力がなくなるのでもない。
自力をはなれるのである。
はなれるとは
何と慈愛にみちたことであろう。
自力根性はそのままにて、

念仏申す身へと転ぜしめられるのである。
以上のようなことだから、
念仏の行者のためには、
念仏は非行・非善なのである。

第九条　いそぎまいりたきこゝろなきものを、ことにあはれみたまふなり

〔原文〕

念仏まうしさふらへども、踊躍歓喜《ゆやくくわんぎ》のこゝろをろそかにさふらふこと、またいそぎ浄土へまいりたきこゝろのさふらはぬは、いかにとさふらふべきことにてさふらふやらんと、まうしいれてさふらひしかば、親鸞もこの不審ありつるに、唯円房おなじこゝろにてありけり。よく〱案じみれば、天におどり、地におどるほどに、よろこぶべきことをよろこばぬにて、いよ〱往生は一定とおもひたまふべきなり。よろこぶべきこゝろをさへて、よろこばせざるは煩悩の所為《しよゐ》なり。しかるに仏かねてしろしめして、煩悩具足の凡夫とおほせられたることなれば、他力の悲願は、かくのごときのわれらがためなりけりとしられて、いよ〱たのもしくおぼゆるなり。また浄土へいそぎまいりたきこゝろのなくて、いさゝか所労のこともあれば、死なんずるやらんとこゝろぼそくおぼゆることも、煩悩の所為なり。久遠劫《くをんごふ》よりい

ままで流転せる苦悩の旧里はすてがたく、いまだむまれざる安養の浄土はこひしからずさふらふこと、まことによく〳〵煩悩の興盛《ごうじやう》にさふらふにこそ。なごりおしくおもへども、娑婆の縁つきて、ちからなくしてをはるときに、かの土へはまいるべきなり。いそぎまいりたきこゝろのなきものを、ことにあはれみたまふなり。これにつけてこそ、いよ〳〵大悲大願はたのもしく、往生は決定と存じさふらへ。踊躍歓喜のこゝろもあり、いそぎ浄土へもまいりたくさふらはんには、煩悩のなきやらんと、あやしくさふらひなましと、云々。

この条文を学ぶに先だって、毎田周一師の『人生の問題』のなかから、人生の問題は死の問題であろうという問いかけを聞くことにする。

死の問題とは、単に一般的に人間に死があるというようなことではなく、まさしく自己が死するということである。自己の死の問題である。だから自己というものさえなければ、死の問題は起り得ないのである。例えば無我なるものに死の問題はないのである。そこで死の問題を追及することは、自我の問題を追及することになる。

生けるものが死するということは、何という大きな、決定的な矛盾であろうか。死する位なら始めから生れなかったらよかりそうなものだとい、たくなるのである。しかもそれにも拘らず現に生れたのである。死すべく生れたのである。どうしても死ななければならぬのである。どうせ死ぬようになっているのだもの、仕方がないと諦めてはみるものの、それ丈の諦めでは、決して解決はつかないのである。

私がこ、にいわんとする死は、道徳的な死である。若し私達の自省に於いて、自分がこの世に生きる価値なきものと、自ら断定するに到れば、死を怖るる所ではなく、正に死すべきものとなる。

親鸞は稲田にありしとき、山伏弁円の来訪を受けられる。彼は殺さんとして刀刃を用意していた。そして人を迷わす怪しからぬ親鸞の罪状をあげて、汝の如きは誅すべきであるといった。このときの出会いが、楚々とした、何気ない、取り繕はぬ様であったので、弁円は驚いたのである。「聖人左右なく出で会いたまいけり」という此の「左右なく」に、全く弁円は圧倒されたのである。曾無一善、極重悪のこの親鸞が、何人によっても誅戮されるのは当然であるという平常底に於いて、すっと出て会われた。絶対死の世界が絶対生の世界に転ずることを、この伝説ほどよく表すものはない。弁円は刀刃を即座にがらりと捨てて、直ちに弟子の一人に加えたまわんことを請うた。明法房はここに誕生した。絶対生の世界がここに転開した。弁円は板敷山で親鸞を殺そうと待ち伏せしていたが、ついに果せなかったその山道を今は弟子となって歩いている心境を「山は山山は昔に変らねど変り果てたる我がこころかな」と、詠歌している。変り果てたるとは、この絶対の転回をいうのである。絶対悪が絶対善に転回したのである。親鸞にとっても弁円にとっても。

親鸞はこの意味で常に絶対死の世界にあられたのである。死の怖るべきを見られなかったのである。いつも死せるものにとって、何等死は目新しいものでも、驚くべきものでも、怖るべきものでもない。

常に死の世界にあられた極重悪の自覚の親鸞、そこには死はなかったのである。

引用が長々となったが、この世に死の瞬間まで未練を残す人間の救いの言葉として引用させて頂いたのである。

念仏まうしさふらへども、踊躍歓喜のこゝろ、をろそかにさふらふこと、またいそぎ浄土へまいりたきこゝろのさふらはぬは、いかにとさふらふべきことにてさふらふやらんと、まうしいれてさふらひしかば、親鸞もこの不審ありつるに、唯円房おなじこゝろにてありけり。


親鸞と問答をかわしている人物、その人こそ『歎異抄』の著者と多くの人は認めている。

名は唯円という。

しかし唯円が誰なのかについては何人もの説がある。

歴史的な考証的なことは

はっきりしていないが、
最も有力なのが
河和田の唯円（一二二二―八九年）である。
報仏寺の開基とされている。
本尊の台座の墨書銘に、
唯円の忌日「正応元年八月八日」と記されているので
親鸞聖人滅後二十六年目のことである。
河和田の唯円の俗名は平次郎といい、
若い頃は狩猟の日暮しで
時には激しく乱れることもあった。
その彼が稲田の草庵を尋ね、
親鸞に帰依し聞法を重ねた。
聖人直筆の「帰命盡十方無礙光如来」を
壁に掛け礼拝し、
生きる道しるべとしていた。

その後の聞法は、
耳の底に留る一途なもの。
『歎異抄』のいくつかの問答は、
関東の田舎であったか
京の都であったか
定かではないものの、
『歎異抄』第二条には、
十余カ国の境を越えて
身命を顧みず、
関東からはるばる
京の都へ
他の門侶と共に尋ねている事実が
記されている。

唯円は言った。

「念仏まうしさふらへども」と。
放埒《らつ》な殺生と愛欲に狂った
罪悪深重、煩悩熾盛の姿に
目覚めしめられ、
いかなる救済の道も閉ざされて
苦悩に沈める私が、
念仏を称えることによって、
あの世では必ず生まれ変って
救われるのだという、
誓願の不思議のいわれを
お聞きしたとき歓びに溢れました。
親鸞聖人は『教行信証』「信巻」に、
真実の信心は必ず名号を具すと
述べられる。
その真実信心にめざめ、

本願を信じ念仏申す身となった
唯円でありますが、
どうしたことでしょう。
念仏申すけれども、
天におどり地におどるような
歓びが湧いてこないのは
どうしたことであろう。
念仏の歓びとは、
世間でいう幸福論でもなく、
現世を祈るご利益の歓びの
それでもない。
また、
「いそぎ浄土へまいりたきこゝろのさふらはぬ」とは、
刻々に生々の生命飛躍であるのに、
うろうろ

こせこせしたり、
怠け心がおきては迷う。
絶対自由の境地へ
真直ぐに向おうとする心がない。
この二つの疑問とは、
踊躍歓喜の感情でもなく、
いそぎ浄土へまいりたき意志でもない。
もっともっと奥にある
信知の世界、
真理認識の所在である。

親鸞聖人を前にした
唯円はたじろいでいる。
今頃こんな質問をしては
聖人はどんなに思われるだろう。

なかなか切り出せない。

でも聞かずにおれない。

その心境がにじみ出ている。

「いかに」と「さふらふべきこと」

にて「さふらふやらん」である。

胸の高鳴りが聞こえる。

唯円はついに師へ申し入れた。

「念仏しても歓びが通りいっぺんになっている。

踊躍歓喜のおきないのはどうしたことでございましょうか」


歓喜について、毎日周一師は次のように言われた。

初めて信心を得たときには、己れを忘れた歓喜として持続し、日々の心境がそういう状態の連続であると思うのは、表面的である。

信心とは罪悪深重、煩悩熾盛の真実相を思い知らされたところにある。さればこそ親鸞は「悲しき哉、恥ずべし、傷むべし」といわれた。しかしそこにこの悲嘆・悲傷の奥に、自己の真相に、未だ知らなかったそれに始めて気付かしめられたもう一つの奥の、次元を異にした不思議な歓びが流れる。それはかの悲傷と一つに融けた歓びである。単に歓びということは出来ない。これが歓喜といわれることの真相である。

（『毎田周一全集』）

「またいそぎ浄土へまいりたき心のおきないのは
どうしたことでありましょうか」
愛欲に狂い、
名利に迷った唯円は、
親鸞に出会う。
我が身の汚れに目覚めしめられ、
この世では絶望の私が
念仏によって来世に救いがあると
信知せしめられ、

大いに歓喜の心が
この身を包んだのに、
念仏申せどもいつしか
踊るほどの歓びが湧いてこない。
ああどうしたことか。
更に、
この道を往けば
必ず生れ変り
清浄の身にしてくださるとのお約束なのに、
急いで参りたい心の起きないのは
どうしたことだろう。
唯円は利己心の満足を問う。
聖人のお答えは闡明《せんめい》であった。
「私も同じ疑問がたびたびあったのだが、
唯円房よ、この親鸞と全く同じであったのだな」

お前の信ずる心が浅いからだとは
いわれなかった。
親鸞聖人の共感共鳴の
この言葉を我々は、
念仏申すのに
自分に歓喜の心なきことや、
浄土へ参る心なきことの
言い訳にしてはならない。
聖人でさえそうではないかと、
自分の薄れた求道心を
棚に上げるものではない。
聖人の深い悲しみの答えを
聞いたとき、
唯円の心はその一言で
救われたのではなかろうか。

念仏の歓びは世間でいう
幸福を意味しない。
九十歳を過ぎたゲーテに
門弟が問うた。
「先生長い人生の中で、
何事もない、
苦悩のない清々しい、
わくわくするような一日が
どの位ありましたか」
ゲーテは、
「両手で数えるほどかな」
と言っている。
「念仏申し候えども」
欲を起こしたり、
そねみねたみの心も起り、

迷いもし、
泣き笑いもする。
それはもうなんでもする。
念仏者はもっと真面目で、
潔く、
はっきりとした、
思い切りのよい、
頼もしい、
世間の役に立つ
立派な人かと思っていたら、
お門違いだと思っているだろう。
見た目で判断すればそうだろう。
信心とは、
そんな表面的なとらえ方にあるのではない。
人の目につかぬ奥深い世界のことである。

新興宗教でいう
利己心による自力的自己改善とは、
全く無関係といっているのである。

よく〳〵案じみれば、天におどり、地におどるほどに、よろこ
ばぬにて、いよ〳〵往生は一定とおもひたまふべきなり。

唯円によって
提示された二つの問いを、
よくよく案ずるのである。
意志や感情の問題でなく、
心の奥の事実を探ってみると、
南無阿弥陀仏に遇い、
遂に解放され、
見通しもつけば、

「天におどり、地におどるほどに」
歓ぶべきことなのである。
それを歓ばぬとはなぜか。
自己への執着の強さのための
煩悩具足の凡夫を、
我が身のこととして
全受領するはたやすくない。
だからこそ
歓ばぬことがよきご縁となり、
感情や意志の奥にある
救済の決定的事実を
思い知れといわれる。

よろこぶべきこゝろををさへて、よろこばせざるは煩悩の所為なり。

念仏申す喜ぶ身となったのに、
歓ぶこころをおさえるのは、
みんな「煩悩の所為」だと
気付かせてもらう。
生きている限り、
煩悩に汚されるとは、
往生一定の歓びが
煩悩に汚されることだろう。
雲霧に真理の火が、
光明が
かくれようとする。
欲ゆえに迷う。
私の利己心への執着が
あるからだろう。

しかるに仏かねてしろしめして、煩悩具足の凡夫とおほせられたることなれば、他力の悲願は、かくのごとのわれらがためなりけりとしられて、いよ〳〵たのもしくおぼゆるなり。

「煩悩具足の凡夫」こそ、
弥陀のたすけずにはおかない
お目当であると
信知せしめられ、
いよいよ他力を頼まずにおれない。
仏はずうっと前々から物事の
真実を見抜いておられる。
過去未来現在の三世にわたって
ご承知である。
如来お目当の人間の存在の真実相を
凡夫といわれた。

「凡夫といふは、無明煩悩、われらが身にみちて、欲もおほく、いかり、はらだち、そねみ、ねたむこころ、おほくひまなくして、臨終の一念にいたるまで、とどまらず、きえず、たえずと」(『一念多念文意』)

私たちに煩悩具足の凡夫だぞと、
凡夫なる身と知れと、
私たちを凡夫と明らかにせられ、
かく自覚せしめられる。
そこに凡夫を救わずにおれぬ、
他力の悲願がある。
救済がある。

また浄土へいそぎまいりたきこゝろのなくて、いさゝか所労のこともあれば、死なんずるやらんとこゝろぼそくおぼゆることも、煩悩の所為なり。

私たちの心が死に向って定まらず、
いま浄土へ参りたい心がない。
そんな状態のとき
病気にかかると、
すぐに死ぬのではないかと
不安が頭をもたげてくる。
人は生れたら死ぬと
口では言ってきたものの、
死の経験はありはしないが、
生死の身であることに疑いはない。
それなのに、
死にたくないという心が軸となり、
人生の苦悩は次から次へと
姿をあらわす。

不安の真只中に沈んでいく。
この不安は煩悩のしわざという。

久遠劫よりいままで流転せる苦悩の旧里はすてがたく、いまだむまれざる安養の浄土はこひしからずさふらふこと、まことによく〳〵煩悩の興盛にさふらふにこそ。

想像を絶する無限の
過ぎ去りし長い時をかけて、
迷いの世界に、
生れたり死んだりしてきた。
苦悩に満ちた現実の世界なのに、
「捨て難い」とは、
この私たちが、自己から、
利己心から離れ難い、
自己への執着心の

あまりの強さといったらよい。
もう自分ほど可愛いものはない。
旧里にへばりつくばかりである。
だから迷いを脱した
無我の世界へ向おうとは、
思わぬのである。
まことに、よくよく
煩悩の強くて盛んなだけである。
それが人生の現前の事実であり、
いかんともし難き。
自力我慢の身は、
じりじりと煩悩の炎となって
自他を燃焼し、
傷つけ
痛ましめ

焦土を広げてゆくばかりである。
「煩悩の興盛」というほかない。

なごりおしくおもへども、娑婆の縁つきて、ちからなくしてをはるときに、かの土へはまいるべきなり。

聖人のおん前に跪いている
三十過ぎたばかりの唯円に、
八十を越されたであろう親鸞は、
生命の真実の相を
具体的に語られる。
「ちからなくしてをはる」とは、
自ら命を断とうとするも、
石にしがみついて生きようとするも、
命はご縁のままの出来ごとなれば、

自分の力であの手この手で
延命をはかるが、
生きることへの執着と
未練も頼りなく、
全面的な否定と
絶望となって、
「娑婆の縁」はつきる。
「力なくしておわる」のである。
死の縁無量なり。
絶対自由の響きあり。
誰が人の死にざまを
批判しえよう。
仏は死にざまを
毫も問わない。
無量なりと、

死にざまを気にするなと、
解放せしめられる。
その現実を、
どこまでも名残り惜しく思うと、
しみじみと煩悩の強くて盛んなるを
ご述懐なさいました。

いそぎまいりたきこゝろなきものを、ことにあはれみたまふなり。これにつけてこそ、いよ〱大悲大願はたのもしく、往生は決定と存じさふらへ。

芥川龍之介、川端康成、江藤淳、
かの作家、評論家は、
自殺であった。
そんなに急いで死にたいとは
思わない。

流転せる苦悩の旧里は
捨て難いのを、
自己の意志をして
どうすることもできない。
人間として、
この生活の事実を
知らされるところに
救いはある。
この煩悩いっぱいのものを、
ことにあわれみたもう
智慧があり、
慈悲がある。
だからこそ、
「小慈小悲なき身には
有情利益におもうまじ。

如来の願船いまさずば
苦海をいかでかわたるべき」（親鸞）
煩悩の所為とは、
如来がこの煩悩を
あらしめていると、
凡夫と一つになってくださる。
大悲観にめざめ、
煩悩の所為なりと気付き、
如来の働きに帰っていく。
本願の念仏を
いただいていく。
そのことを信ずるほかに、
もはや何ものもなくなると、
往生は決定と
すっきりする。

踊躍歓喜のこゝろもあり、いそぎ浄土へもまいりたくさふらはんには、煩悩のなきやらんと、あやしくさふらひなましと、云々。

ご信心を歓ぶ心もあり、
いそいそと浄土へ参るとは
煩悩がないのであろうかと、
かえって怪しく感じるし、
おかしくなってくる。
親鸞はまさしく
煩悩具足の凡夫と
告白せられた。
「罪業もとよりかたちなし、
妄想顚倒のなせるなり。
仏性もとよりきよければ、

この世にまことのひとぞなき」
「是非しらず
邪でもわからぬこの身なり。
小慈小悲もなけれども、
名利に人師をこのむなり」
ただ人生の罪業あるのみ。
煩悩具足の凡夫、
煩悩成就の我はと、
そのままに如来の大悲の
願船に全身を委せていかれる
親鸞聖人である。
煩悩具足の凡夫であることが、
そのまま救われしことなのである。

第十条　念仏には、無義をもて義とす

〔原文〕

念仏には、無義《むぎ》をもて義とす。不可称《ふかしやう》・不可説《ふかせつ》・不可思議のゆへにと、おほせさふらひき。

念仏には、無義をもて義とす。

この世には、筋道とか
定義なんてありはしない。
我々の分別、
我々の計らいの思いの
全てがすたったところが、

南無阿弥陀仏である。
人間の世界は嘘の塊で出来ているということを
あらわにするところに、
念仏の真骨頂があろう。
聖徳太子の常の仰せに、
「世間虚仮、唯仏是真」とある。
世間は虚仮なり、
虚仮にあらざるものなし。
この世とは、
よろずこと、みなもてそらごと、たわごと、
まことあることなし。
世間虚仮がそのまま真なり。
無義ということが、
そのまま仏智である。
唯仏是真と、

この世界は徹頭徹尾
嘘の塊とあらわにするところにこそある。
義なきを義とする智慧によって、
我らの世界の虚仮を知らしめられる。
「無義」なき存在であったのだ。
そのことを知らしめんがための
義なのである。
無義とは如来の
私への鉄槌であった。
価値なきものが
俺しかないと思い上った
自我の抹殺でもある。
「だらなものは何をやってもだらだ」
と暁烏師は言われた。
この世にあって、

何のよきことも為し得ぬ自己の自覚、
無義の自覚、
まさに南無阿弥陀仏である。

不可称・不可説・不可思議のゆへにと、おほせさふらひき。

称める言葉を知らずとは、
聖なる沈黙である。
ぞくぞくとそこから
身を粉にしても報ずべし、
骨を砕きても謝すべき身は、
奉仕の生涯となる。
念仏の真を、
説けども説けども
尽きないのである。

教えて習うというように
説いてはじめて説き明かし得ない。
言葉を失ってしまうだけ。
有限なる者が
無限なる働きの前にひれ伏す。
それはどこまでも学ぶほかない。
法の無限性に跪く。
これを学ぶということが、
人間が生きているという証拠である。
法蔵菩薩は五劫の間、
思惟せられた。
法然上人は一切経を三回熟読され、
親鸞聖人は『教行信証』に
思いを尽くしてこそ、
不可思議の意が発ったのである。

親鸞の念仏は、
「不可称・不可説」とこの「不可思議」においてあらわされ、
法然上人の説かれし無義為義を、
南無不可思議光如来と直観されし、
親鸞聖人をただ仰ぎ見る。
聖人繰言《つねのおおせ》の法語の各十条こそ
親鸞聖人の窮極の念仏である。

筋道とは、
「念仏には、無義をもて義とす」。
社会に筋道はあるのか。
あ奴は一匹狼という、
自分こそ狼なのだ。
狼の社会に筋道はつけられぬ。
倫理というものはどこにあるのか。

宗教の世界は反省ではない。
共に是れ凡夫と、
全身を投げ出すのだ。
社会に清浄はあるのか。
あ奴は不潔なという、
自分こそ不潔なのだ。
清潔と自惚れた人種の
面皮を剥がそう。

歎異つれづれ

嘘

嘘についてだが、私が五十歳も間近になった頃、ある要職のポストに推薦するから考えてもらいたいと打診があった。すると、その情報をキャッチした二人の若者が私の所へきて、「現在の教団のこの役職は全面的に若返っているので、引き受けないでほしい」と言った。

私は即座に、「はいわかりました。家の事情からいっても無理だし、引き受けません」と約束した。あまりのあっけない返事に、信じられないという表情をしたので「私は本願寺から金をもらってまで生活をしようとは思っていませんよ」と言うと、そのなかの一人が「高橋さんらしいことを言われますね」と言って二人は笑い、安心した表情に変わっていた。

後日、電話があって「会議中だが、あなたを○○職に推薦したがどうだろうか」と言う。「ご推薦は有難いが、家の事情もあってお引き受けできませんのでよろしく」と言うと、「せっかくの推薦を」と念を押すこともなく通話は切れた。
この文中の会話にはいくつもの「嘘」がかくされている。その一つが「全面的に若返った」である。それは事実かもしれないが、本音は私がそれを引き受けたら、自分たちにとって都合が悪い部分があるからそのような嘘を言ったのである。私も、現実には無理なので断ったが、心の深いところでは名利の心は動いていたのに、名利心のひとかけらも動かなかったような返事をして「嘘」を言っている。

『歎異抄』後序
煩悩具足の凡夫、火宅無常の世界は、よろづのこと、みなもてそらごと、たわごと、まことあることなきに、たゞ念仏のみぞまことにておはします。

私が今でも当時のことを思い出すのは、私の名利心の根深さを物語っている。
聖徳太子は「世間虚仮、唯仏是真」と常々お妃に申されていた。先にも言った親鸞聖人の火宅無常の世界は、「よろづのこと、みなもてそらごと、たわごと、まことあることなきに、たゞ念仏のみぞまことにておはします」と。また、「念仏には、無義をもて義とす」と、法の言葉と嘘の言葉についてお示しになった。

二〇〇二年九月の同時多発テロがニューヨークで起きてから、急速に日本の政界の汚職が噴出した。

まず、ある議員のNGOへの発言が引き金になった。

NGO問題の「嘘」発言で国会は騒然となったが、総理は「言った言わんといたって幼稚な問題」と言っているが、三歳の童子でも知るといえども、八十の老人それを行うこと得ずである。言った言わんの攻防の裏にはお互いを要職の舞台から〝ひきずり下ろす〟野心がかくされていたのではないか。それを「幼稚」と軽蔑《けいべつ》的口調で言っているところに「嘘」と「思い上り」が見えてくる。

ある先生の全集のなかにこんな内容が載っている。


〇〇師は、K師のことについて「K師か、あんなものに親鸞がわかってたまるか」とよく言われると、私はかつて聞いたことがある。直接聞いたのではないから一応そう言われたとしておく。

ところが〇〇師の著書には、次のように記されている。「K師のような、信念も学問も共に勝れた宗門の第一の人の書いたものであるからして、それをお読みになれば、必ず皆さんの得るところは広大であろうと思うのであります」

これはお世辞というものである。上っ調子な外交辞令である、世間の附合の言葉である。決して法の言葉ではない、誠の言葉ではない、真実信心の言葉ではない、信じておられるならば、こういうことをいわれよう筈がない。法の言葉はむしろ、「お前なんかに親鸞がわかってたまるか」という先の言葉である。

○○師は、真実の言葉と嘘の言葉（外交辞令）と両方を言われる人である。人間というものはそういうものであろう。

人間とは、朝起きて夜寝るまで、口を開けば嘘の言葉の連続であり、それが当たり前になっていて何の不思議もなく生きている存在である。その「嘘」が場合によっては、人間不信と大問題へと発展していくのである。

その人間の人間性、社会性、学問、思想も、一切の善悪の者も、名号の利剣により抹殺していく書があったのである。すべての人間が、愚夫愚婦ならざるを得ない、特別な人はいないという地位を与える怖るべき書であり、それが『歎異抄』である。

如来より鉄槌の一打なくしては、どんなに長年にわたって『歎異抄』を読み耽っていても、真実の世界の一端にも触れることはできないのである。

その『歎異抄』が、なぜか長い間日の目を見なかったのだが、明治の清沢満之師によって世に出され、今日に至っている。

現代では、寺院関係はもちろん、在家仏教関係者において、法座（聞法会）のテキストとしてこれ以上の仏教入門書はないといわれ、『歎異抄』が選ばれているが、それは直ちに奥義の書たることを忘れてはならない。

『歎異抄』に接するとは自己が抹殺されゆくことであり、怖ろしい書である。この書を味読すればするほど、跪ずくほかなき我なき解放の世界を、心地よく味わうのである。

称名のできるような人になりたい ―― 信ずることそのことが救済である

『歎異抄』の各条に念仏の尊さが叙されている。

念仏まうさんとおもひたつこゝろのをこるとき、すなはち摂取不捨の利益にあづけしめたまふ

たゞ念仏して弥陀にたすけられまひらすべしと、よきひとのおほせをかぶりて

念仏して、いそぎ仏になりて、大慈悲心をもて、おもふがごとく衆生を利益するをいふべきなり

念仏まうすのみぞ、すえとをりたる大慈悲心にてさふらふ

父母の孝養のためとて、一返にても念仏まうしたること、いまださふらはず

ひとへに弥陀の御もよほしにあづかて念仏まうしさふらふひと

念仏者は無礙の一道なり

念仏は行者のために非行・非善なり

念仏まうしさふらへども、踊躍歓喜のこゝろをろそかにさふらふこと

念仏には、無義をもて義とす

なぜ念仏するのか。念仏とは仏の御名を称念すること、口称することを称名念仏という。その称名することについてだが、世間では称名することを、老人くさいとか、称名

するのが恥かしい、なんだか気まずくてと敬遠《けいえん》する人もいる。なんだ念仏かと鼻にかけて一笑する人もいるようだ。

念仏するようなそんなお前と俺は違うとでも思っているのか、上ばかり見て下を見ようともしないから、仏心が頂けないで人生を空過している。賢者のつもりだが実は愚者なのである。

真実の信心は必ず名号を具す、名号は必ずしも願力の信心を具せざるなり

（『教行信証』「信巻」）

「真実信心は必ず名号を具す」といわれているのは、念仏の意義を完全にかみ分けていなくては無意味になるということ。それは名号のいわれを聞き分けることである。念仏に効能があるのかを問題にするのではなく、要は称えるほかに道がないから称えているのである。

「ただ念仏」といわれているのは、このこと一つという意味がこめられている。真理の表現をのべるよりほかに道がないということ、だから口称とは「成程な」ということ

である。

どんなに懺悔しても、懺悔の足りないような自分であることを知らないから、むしろ懺悔なんか人間に必要とは思っていないだろう。

現に自分はどうにでもできる、いらぬ世話だと強がりをいうのだが、押され押され押しやられて、どうにもできぬという悲歎の叫びが、「いずれの行も及び難き身なれば」、念仏よりほかに為すことなくして、称えるほかに道がないということになってしまうのである。

へり下った心にのみ現れてくださる如来であり本願なのである。

現代人の念仏に対する認識不足の甚だしさ、もっとひどいのは念仏を侮辱していることでは、この念仏を見捨てて顧みないで平気であり、なぜそうするのかを問おうともしない、むしろつまらぬものと見捨てるものになっている。

その顧みないで捨てられたものを拾って、無上の宝珠として念仏を称えてゆくのである。

南無とは、帰命礼拝であり、跪くこと、我なしということ、無我、謙虚というものである。その南無から、底抜けに明るい解放された世界が展けてくる。雲霧の離散したような澄明な目になり、偏見と先入観で物を見ないので障礙を感じないのである。南無の人は天真爛満であり、無邪気である。高慢な思い上りの人の顔を見ると、暗い顔をしている。

阿弥陀は、光明無量・寿命無量の世界である。仏とは、気付くこと、自覚である。光とは、智慧が無限ということ、曇らざる目でものを見ることができる。我らは曇っているので邪見の目で見ている。寿とは、生命が無限ということ、生命の欲求であり、すべての望みが達せられるということである。

その南無阿弥陀仏、または九字の名号、南無不可思議光如来、あるいは十字名号、帰命盡十方無礙光如来とは、永遠の生命の名である。その名を呼ぶとき、仏と智慧、功徳を同じくするので、念仏するのを称名というのである。

称名、つまり口称とは、先にも言ったが「成程な」ということである。うなずくこと、徹底的に納得したことである。真理の道理を腹の底から承認し、納得するとき、その真理の表現として念仏する。それは、この世で最も確かなものとして、支えられ生かされているという感動と安心感の表現でもある。

念仏の聞こえる社会でありたい。

「名号は必ずしも願力の信心を具せざるなり」。信心を具せざる名号でもよい、称名でもよい、仏の智慧を具せざる称名だから救済とはほど遠いかもしれない。しかし、模倣の称名、声だけの称名、なんとなく有難いからといっての称名、感情的な称名で信心を具せざる称名であっても、どんな人の称名といえども南無阿弥陀仏に変りはないのだから、その称名の声が聞こえてくると、どんな意味があるのだろうかと名号のいわれを聞くきっかけとなって、そこから何かが起るかも知れない。

信心具せずとも、たとえ模倣の念仏であっても自分の称える声を自分自らが聞いてその意味を聞かねばならぬと思うことにもなろう。

仏を念ずる称名ほど、この世に確かな尊いものはない。だから無信心の人の称名といえども、その人の口によるとはなんと因縁の深いことだろう、因縁熟すればである。

念仏は強いるものではない。強いるほど醜いし、そらぞらしい心があらわれてくる。それでも称名しましょう、称名してくださいといわれてでも称名するのである。もう称名が口から出てくるということが、如来のお心の一端が称名する者の心に触れた証拠である。口にするといっても、どれだけを口にせねばならぬということもないのである。

念仏を頂くとは、地獄一定の我と、つまらぬありのままの私が、親鸞聖人のお前に跪き立たしめられたそのとき、念仏が口にあたえられたのである。

報恩謝徳としての念仏、ただ頂くばかりのところから報恩行も自然に生じてくる。

『歎異抄』を手にとり拝読する身に、親鸞聖人と唯円房の対話から、念仏の頂き心を学び味わうべきだろう。

和国の教主聖徳皇と歎異の心

「歎異」とは、異なるを歎くである。どうでも異なるものが一つになろうとする心は、慈悲心といってもよい。異なるものを「一」たらしめんとする心、放っておけない心である。

馬子は聖徳太子のお妃の父親であり、政事を共に歩む二人であった。太子は馬子の野望のためには邪魔な存在である。すきあらば太子を拭殺しようと、ぎょろぎょろと目を剝《む》いて機会を窺っている。その馬子の視線のなかでの政治であったという。そういう状況のなかで太子の心底に常に動いていたものは何であったか。

ばらばらになったものを、ばらばらのままに見逃してはおられぬ、放っておけぬという人心の純粋な働きのほかにはなかった。ばらばらとは「多」であり、分裂である。多を一たらしめんとするのは歎きであり、悲願である。

多と一、分裂と一、異と一は、多・分裂・異が「一」たらんとする働きであるから、そこには種々な難問の交錯があり、純粋な精神の動きは悲しいものである。なんとか「一」たらしめんとする動きには、歎きがある。それは悲劇が含まれているということである。

今日の日本の政治闘争を見るがよい。

抗争心むき出しの抵抗勢力と、世論による国民の高支持率を売物とする勢力の分裂は、深刻化していくばかり。かと思うと馴れ合い政治へと動いたりする。着いたり離れたりで異なりを歎くというより、異なることを主張することによって派閥に固執し、国民の声がとどきにくい政治になっていくばかりである。ますますゆとりのない政治となっていく。ゆとりがないから快活な笑い声が聞こえてこない。

異なるを歎き、対立抗争の真只中に立たれての政務を行った聖徳太子を忘れてはならない。

悲願の政治を貫き通されたお方の声を聞こう。

十七条憲法第一条である。

和を以て貴しと為し、忤《さから》うこと無きを宗と為《せ》よ。人皆党《たむら》有りて、亦達《さと》れる者少し。是を以て或は君父に順《したが》わず、乍《たちま》ち隣里に違う。然れども上和らぎ下睦びて、事を論《あげつら》うに諧《かな》いぬるときは、即事理《ことわり》自らに通う、何事か成らざらむ。

和とは、無対立の世界、一切が融け合う「一」の世界そのものをいう。多即一・一即多である。老少善悪の人をえらばない世界である。

すべてに存在価値のあることを認識する心持のあることを和といってよい。それに対して党とは、団結し、甘党、辛党と区別するように、好みを同じく志す者同士が作るものである。善悪の差別判断によって党は作られている。対立することが前提となって結成されていく。党の大小を問わず、どんな党であろうと根本は同じである。そこには歎異の心がないのである。歎異の世界には対立はない。世に党を作るものは無数であるが、多より一へ到らんとする動きはなく、そこにあるのは歪《ゆが》められた取引か談合で、事を濁《にご》してしまい、ますます本質から遠く離れた異なるものになってしまう。多即一・一即多へとなり得ないのは党に縛られて相対対立の関係にはまり込むからである。「君父に順わず、隣里に違う」とは、法に従わず、自然に随《したが》わないこと。郷に入っては郷に従えだか、国家的・規定的生活や社会的慣習、社会的自然に随順しないとき、如何なる人も苦悩する。個性的人間として存在しているが、万人の奥の奥には融け合っている「一」の世界がある。深い地位では信じ合っている歎異の世界がある。

先に如何なる人も苦悩するといったが、その苦悩がその根底において「一」なるいのちの働きの証拠である。その苦悩は無対立の世界へと超越する縁である、それについて憲法第二条で次の如くいわれるのである。

篤く三宝を敬え。三宝とは仏法僧なり。即ち四生《よつのうまれ》の終《つい》の帰《よりどころ》、万国の極めの宗なり。人尤《はなは》だ悪しきもの鮮《すくな》し。能く教うるときは従う。其れ三宝に帰《よ》りまつらずば、何を以てか枉《まが》れるを直うせむ。

仏とは「絶対者」であり、「絶対者あり」というのは、この世の一切が相対的存在であるということを証明していることになる。世間の相対的関係にのみ目がくらんで、その世界に迷い込んでしまうものである。絶対の世界と異なることがわからない。絶対の世界は、決してこの世界の延長線上にあるのでない。絶対者は歎き、悲願を法として表現して我々に「一」と異なることを気付かしめようとしている。その体得者との出会いによって異なるを歎く身となる。心が動くことは跪く関係をもったということであり、跪くとは一切といのちの通う関係になったという人間存在の根本の在り方であることを知らされるのである。

つまり、篤く三宝を敬え、永遠の生命のあることを知れよ、いかなる生れ方をしようと、すべての人が「一」となる世界は、この自覚の働きのほかにはない。何れの国に生を享けたであろうと、帰すべきところはこの絶対者に帰するのである。跪くところに多即一・一即多の世界へと展開する。それが和の世界である。

『教行信証』のなかの人間親鸞像

歴史上の人物を知るには、その人物の時代とか、社会的情勢を明らかにしなければならぬとよくいわれるが、親鸞の場合はどうであろうか。

『教行信証』や『歎異抄』にふれ、親鸞、親鸞といっているのは、歴史的に親鸞を見ようとしているのではない。歴史的に知って何の意味があるのか。親鸞を向うに、対象的に見ていただけでは、親鸞の主体にぶつかることはできない。

『歎異抄』にふれるとは、私の目の当たりに立って働きかけてくださるお姿に接するほかはなかろう。鎌倉の情勢とか、仏教史における立場を知る必要もないのである。『歎異抄』は、至って十分な親鸞の人間像を語っているからである。

ところが親鸞は、親鸞自身の多くの著述書や書簡に自分自身を具体的に記述されたものは少ない。その少ないなかから、『教行信証』に二つ、親鸞の具体的人間像にふれることができる。

一つは「信巻」の悲歎述懐の箇所であり、もう一つは「後序」の流罪についてである。
ここでは、流罪について書こうと思うが、親鸞については、時代の情勢とか仏教史的な位置は必要ないと先にいったけれども、この流罪については、そこに至るまでの流れを書いてみたいのである。

源空（法然）・親鸞の時代、
世にいう鎌倉幕府は武家政治であった。
仏教界は、
旧仏教の叡山の衆徒によって、
新仏教の台頭を許すものかと
源空（法然）の念仏の批判を繰り返す。
如何なる悪も妨げにならないとか、
戒は破るためにあれば戒を作らず。
弥陀一仏の一心一向とは、
諸神諸仏を否定するのか。

または造悪無礙の曲解から、
念仏者への反感は
次第に激しさを増した。
それを説明するかのように、
乱れた念仏者の集まりもあった。
それ見たことかと
噂は噂を呼び、
吉水教団への弾圧の波は
ひたひたと打ちよせてくる。
弾圧の波を防ごうと源空上人（法然）、
叡山延暦寺に
七カ条の起請文を書きたもう。
一九〇人の門弟すべて
これに署名す。
その中に綽空の名もあった。

時は元久元（一二〇四）年
十一月七日のことである。
ここに綽空というは
親鸞の青年期の釈名である。
朝に題目、夕に念仏の比叡にあって、
こうもしたいああもしたい、
こうなりたいああなりたいと、
苦行研鑽の日は無常に打ち過ぎる。
この比叡の山を下りようか、
ここは私の居る場所なのか、
住みし二十年の山に停るべきか、
深い悩みのなかで洛中の六角堂に参籠は続いた。
そのとき友人の聖覚法印に会い、
法印の勧めあって吉水の禅室を訪れることとなる。
源空（法然）の教説により、

どうすることも要らぬ、
先のことを祈る必要もないと、
真実を語る人に初めて会えた。
このお方は如来の来化されしお方と
頭が下がったといい。
そのときのことを、
「建仁辛の酉の暦、雑行を棄てて
本願に帰す」と。
百八十度の方向転換が生じ、
いままでの世界観の崩壊となった。
本願の証明者を目の前にされたとき、
自分は今の、このままの自分以外の
何ものにもならなくともよしと、
一生にひとたびの廻心が生じたのである。
親鸞二十九歳であった。

師源空（法然）は六十九歳でおわした。
出会いの歓びを和讃に曰く、
「曠劫多少のあいだにも
出離の業縁しらざりき
本師源空いまさずば
このたびむなしくすぎなまし」
この五年後には、
熱き師弟は北と南へ
遠くばらばらに流罪の身となられた。
源空（法然）は、念仏者の言動慎むべきことを叡山へ誓う。
されど掟を破るもの後を絶たず。
奈良の興福寺、それ見たことかと、
またも朝廷へ念仏の停止の訴えに走る。
源空（法然）門下の罪状を、
笠置の解脱貞慶

九カ条を起草せられた。
処罰を朝廷という政治権力に仰ぐ。
これを受けた朝廷は年明けて、
「源空上人一弟二人為レ弘二通念仏一依レ謗二諸仏諸教一」という罪名により
処罰せられた。
この罪状に、興福寺衆徒納得ならじと
念仏停止の強硬姿勢は朝廷へと向かう。
念仏の行者のなかには
女犯・肉食おかまいなしという者もあって、
これは如何なることかと問うと、
救いの妨げにならぬというし、
貴賤の別なく、女・人妻と法悦のなかの紊《びん》乱の噂は絶えない。
門弟の住蓮・安楽その渦中にあって
噂の相手の松虫・鈴虫は宮廷の女御という。
この証拠は動かぬものとなって、

真偽の沙汰もなく摘発せられた。
旧仏教と朝廷は、
吉水教団に罪科を問うことになる。
ついに来たり建永二（一二〇七）年二月、
念仏停止の宣旨を受けた。
年改めて承元となる。
死罪に処せられし者四人、
流罪は八人であった。
源空上人（七十五歳）は土佐の国番多へ、
親鸞聖人（三十五歳）は越後の国国府へ。
住蓮・安楽は六条河原で死罪となる。
「合掌みだれず右に伏しにけり」と、
そのありさまを見た人々随喜の涙を流し、
念仏門に帰依するもの多かったという。
源空（法然）上人は念仏停止のなかを配所へとお立ちになられた。

「南無阿弥陀仏」と大声で称名念仏申されると、
そのとき弟子有阿弥はすすみでて、

「お師匠さま、念仏禁止の高札が洛中に立っております。大きな声のお念仏がお役人に聞こえてでもしたら、流罪どころか死罪になりかねませぬ。それでは私共の道が暗闇になりましょう。小さなお声でお念仏は称えてください」

と申し上げた。

「お前は何という。自分の計らいで称えるお念仏なら、大きく称えたり小さく称えることができるかも知れぬ。わしの称える念仏は仏の念力の顕わせ給う一声である。仏の心の顕わせ給うたものじゃ。自分の都合で大きくしたり小さくしたり加減できるものでない。ただ仏のお心に今の自分を打ちまかせて南無阿弥陀仏と称えておるのじゃ」

仏に捧げた身体であり、
仏に捧げた心であれば後悔はしない。

ただ南無阿弥陀仏。

源空（法然）と親鸞は、この別れが永遠の別れとなる。
流罪が許されて師の帰られし
京の都へには帰られず、
関東へゆかれる。
それは、京の都へ帰るか何処かへゆくかとの
選択のなかから、
いつまでもべたべたと師に
ついて廻るものではないぞと、
親鸞の独立が関東への旅となる。

流罪赦免とはいえ犯罪者であったことの烙印は消すことはできない。その厳しさは次の「化身土巻」の後序の文が証明している。
「主上臣下、法にそむき義に違し、いかりをなしうらみをむすぶ。これによりて、真宗興隆の太祖源空法師、ならびに門徒数輩、罪科をかんがへず、みだりがはしく死罪につみす。あるひは僧儀をあらため、姓名をたまふて遠流に処す。予はそのひとつなり」

である。

権力者が自らの立場を維持するため、事実無根のありもしないことを作り上げて弾圧する行為に対する、また人間として生きる喜びの真実の道を否定する暴挙には、相手が誰であろうと徹底的な怒りをもって親鸞は批判したのである。

いつしか、鎌倉時代も遠く、時は流れて一九四〇年代となれば、地球最大の人類の戦争となる。世界第二次大戦中のことである。本願寺としても戦時の政治権力の前に屈伏した事実がある。

昭和初期、親鸞著作の『教行信証』が出版された時のことである。親鸞は、流罪が解かれても犯罪者であった烙印を背負いながら心血をそそがれた『教行信証』「化身土の巻」の一句、菩薩戒経に曰く、「出家の人の法は、国王に向ひて礼拝せず、父母に向ひて礼拝せず、六親に務へず、鬼神を礼せず、と。巳上」のなかの「不向国王礼拝」の六字が政治権力によって削除させられた。それだけでない、後序の「主上臣下」の四字と「不考罪科猥」の五字も都合が悪いという理由で省かれたのである。

ところがである。戦後になると、時代は民主主義となり、政治権力の圧迫は宗教へは向けられなくなり、新しく『教行信証』が再版されると、先の削除の箇所は元通りになっていた。もちろんこの上もない喜びだが、戦時下ではあったものの、その削除の阻止に誰一人として立ちはだかるものもなく屈服し、世が変わり元通りになったとはいえ、親鸞の聖典に泥を塗った愚かさを誰一人懺悔する声も聞こえず、その悲しみは遠い過去のものとなっていった。

これは教団にとって重大な問題であった筈である。それが忘却されるに至ったのは、親鸞聖人七百回御遠忌法要を目前に控え、真宗再興の運動の具体化と教学が強くクローズアップされてきたからではなかろうか。

「親鸞教学」、「蓮如教学」、「清沢教学」と宗門では教学を論じないと無信心の如き観があった。教学について毎田周一師はこんな批判をしておられる。

「教学」という語、これが嘘の言葉、非宗教的の言葉である。教学とは、法と法との関係を前に見て、その繋がりを、つまり体系を対象論理の立場で論じているとき使われる言葉である。親鸞においては、この法とこの法との関係はこうであったと、ただ親鸞を見ている立場においてのみいわれる言葉である。徹頭徹尾親鸞における法と法との関係だけが問題であって、自分はただそれを論じておればよいのである。その親鸞の法によってこの私自身が救われていかねばならない、という主体的立場がどこかにおきざりにされているのである。自分が救われるかどうかは問題ではない。親鸞においてこの法と彼の法とはこういう関係にあるということをお前は知っているか、という学者的立場があるだけで、むしろ自分は既に救われたものの立場に立って人に物をいっているばかりである。かかる立場を非宗教的というのである。

流罪を回想される愚禿《ぐとく》親鸞の感銘深い声は、「太師聖人源空、もし流刑に処せられ賜わずば、我れまた配所に赴かんや。もし我れ配所に赴かずんば、何によりてか辺鄙の群類を化せん、これ尚師教の恩致なり」(『親鸞伝絵』)と大海の打ちよせる波の如くひたひたと、今も耳もとへ聞こえてくる。

もう一つは、『教行信証』「信巻」の悲歎述懐である。

「まことにしんぬ。かなしきかな愚禿鸞、愛欲の広海に沈没し、名利の大山に迷惑して定聚のかずにいることをよろこばず、真証の証にちかづくことをたのしまざることを。はづべし、いたむべし、と」

これは、親鸞自らが、何年何月何日の私の身の事実はかくの如きでありましたといわれているのではなかろうかと受け取れる箇所である。親鸞の具体的な告白を聞くのである。また懺悔とは何かを徹底的にお示し頂いたのだと合掌せずにおれない。

それを証明しているのが、「恥づべし、傷むべし」であり、これがまさしく念仏成仏是真宗であることを知らされたのである。

『教行信証』、『歎異抄』のなかの親鸞にただただ跪くほかにないのである。

勿体なや、南無阿弥陀仏。

釈尊の説教虚言なるべからず

大都会では、核家族化となり、老人の間では一時間一万円で家族をレンタルする商売がはやっていることを聞いていた。

私としては、一人でいてもいいし、大家族の暮らしもいい、どうあらねばと考えてはいない。しかし、なぜ家族のレンタルの利用者が決して少なくないのか。

私は全くの他人の家族をレンタルまでして、一時的な気休めや、喜びを味わおうと思ったことはないのだが、つい最近、知人の大阪在住の二十代の夫妻とその幼な子二人と私は一日を京都で遊ぶことになった。

幼い子の手を握ろうとすると、ぽんと撥ね除けた。見知らぬ老人なんか興味ないといわんばかりに、お父さん子の二歳の幼児は、父親の後へ逃げた。そういう情況のなかで、階段を下りるときは、父親と私の手にぶら下がって喜んでいたが、下り終わると私の手をぱっと振り切った。一時間一万円で家庭をレンタルまでして、しばらくの家庭の雰囲気を満足しようとしても、落ち着けない自分だなあとつくづく思い知らされた。

若い夫婦に「これは疑似レンタル家族ですね」と言った。「それは何ですか」と二人は笑った。若い家族と連れだって、楽しい時間もかなり過ぎた頃、私は頭のなかで僧侶として家族、家庭の生活、子どもの教育とは何なのかと、自問自答しているとき、妻子と家庭を捨てて立たれた、釈尊のいさぎよさを思ったのである。また成道後は妻子のいる城へ、お帰りになってもよさそうなものなのについにお帰りにはならなかった。

つづいて親鸞はどうであられたのかと思った。稲田の草庵におられた頃、妻の恵信尼は四十代後半であったろう、念仏に対する抵抗の多いなかでも山伏弁円の親鸞を殺害せんとする伝説はドラマチックである。親鸞を目前にした弁円は刀刃を投げ捨て弟子へと転回した。その悠然たるたのもしい親鸞を、ふるえながら眺めておられたであろう。そうしたハラハラする出来事の多い関東の家庭生活も、京へ帰洛されての一家の生活は困窮ではあられたと思うが、精神的には緊迫感は少なかったのではなかろうか。それがなぜ、恵信尼とその子たちは越後へ赴かれたのだろうか。

曾我量深師から、〝明治の親鸞〟といわれた清沢満之のエピソードである。結婚式の来賓祝辞で新婚夫婦に向って「君も繋縛を作りましたね」とただ一言を言われた。その清沢満之も釈尊の如く妻子を故郷において、自らは現実に、少欲知足をもって仏法研鑽の道場を開き、共に学ぶことの大事さを教えられた。

釈尊、親鸞、清沢の妻子と、家庭を捨てて立たれし、その共通性から何を学ぶべきだろう。

『歎異抄』の「釈尊の説教、虚言なるべからず」が、急に私のなかで動き出した。この一句は次の『歎異抄』第二条のなかの言葉である。

「弥陀の本願まことにおはしまさば、釈尊の説教、虚言なるべからず。仏説まことにおはしまさば、善導の御釈、虚言したまふべからず。善導の御釈まことならば、法然の仰せそらごとならんや。法然の仰せまことならば親鸞が申すむね、またもてむなしかるべからず候ふか。せんずるところ、愚身の信心におきてはかくのごとし。このうへは、念仏をとりて信じたてまつらんとも、またすてんとも、面々の御計いなり」

親鸞著作の『教行信証』の「行の巻」の最尾に正信念仏偈がある。この正信偈が、唯円によって『歎異抄』第二条の先の言葉に短縮、和文化されたのだと受け取っている。

正信念仏偈を略して正信偈という。「帰命無量寿如来、南無不可思議光」と礼拝讃嘆に始まり、大聖の興世の正意をあらわし、七人の高僧の説を叙述し、最後はただこの高僧の説を信ずべし、となっている。

真宗門徒はこの正信偈を朝に夕に勤行に読誦することを、五百年前の蓮如によって定められ、連綿と今日まで実践されているのである。釈尊の説教を、親鸞のおおせを毎日聴聞させていただくのだが、裸一貫となって相対しているのかどうかが問題なのである。「釈尊の説教、虚言なるべからず」とは、宗派の系列にとらわれることなく、釈尊に帰り釈尊の生命を直視し、仏教徒は何を学ぶべきかと方向が決定するところに宗派根性が打破される唯一の道であるぞと呼びつづけられているのである。

日本の仏教界は、あまりの宗派根性むき出しの、相克渦巻き、本来のあるべき姿から遠のいている。

看板は仏教だが、中味は、欲望をますます煽る札などを売ったり、日の良し悪し、方角がどうのと障り祟りと脅すなどの雑行雑修から、仏教徒をいかにして護り、いかに救い出すべきかということが僧侶の課題である筈である。

「釈尊の説教、虚言なるべからず」へ帰るというか、対面することが、寺院と在家のそれぞれにおいて研鑽されねばならぬ重大事である。

特に我が国における寺院仏教は、儀式的なるものが繁雑になり過ぎ、現代人の感覚とおのずとずれが生じていることを問いつつ、各宗派は、簡素に、シンプルな整理をなすべきではないか。仏教が伽藍仏教となり、儀式の場や祈禱の場となり、生死出離の道場として仏法研鑽の場ではなくなっていく現状である。

仏教徒とは、寺院とは、現に救済されつつあるという信心を確信していく場へと回復を願うのだという、先の『歎異抄』の言葉は、唯円の嘆きの声ではなかろうか。

一片の儀式を行ずることもなく、生活の保証がある訳でもないのに、妻と子と遠く離れてまで著作に専念される親鸞。また、生活を顧慮することもなく、「釈尊の説教、虚言なるべかず」と浩々洞で一途に精進を続けられる清沢満之の少欲知足の尊い姿がある。

伽藍の経営、教化の停滞、家庭生活に埋没しているとすれば、慚愧あるのみである。仏教徒が釈尊に学ぶとは、眼前にまざまざと釈尊の姿を見るに致らねばならないということにある。

あとがき

念願の吉野に出向きました。下市町惣上の立興寺に参詣するためです。吉野は桜の賑わいから青葉に変わっていました。

近鉄・阿部野橋から七、八十分位で着くところにある下市口という駅でおりました。タクシーで五分も乗ったでしょうか、立興寺の門前に着きました。山門には、法服の住職が出迎えておられました。

早速、本堂に参詣し、住職より立興寺の縁起や唯円大徳と『歎異抄』について、懇切なご教示を戴きました。また、坊守さまのご接待に心をなごませていただき有難うございました。この紙面をかりて御礼申し上げます。

稲田唯昭住職より戴いた「立興寺略縁起」をご紹介しましょう。

「恵日山立興寺は、今から約七一〇年前の建治年中（一二七五－七七年）に親鸞聖人面授の門弟唯円大徳によって創建されました。

記録によりますと、当時すでに、この吉野の近辺にお念仏のみ教えがひろまり、お法を求めるお同行が増えていたようであります。

ところがみ教えを伝える者が少ないので、これも聖人のお弟子の一人である河内の慶西坊が自分が行ってみ教えをひろめたいと考えられましたが、老齢のため、とうてい下市まで行くことができず、そこでながく関東常陸《ひたち》の国で教化されておられた唯円大徳に、自分に代わって行ってほしいと頼まれたということであります。

唯円大徳は慶西坊の要請を受けて下市へこられ、そして秋野川のほとりに道場を建て、そこを拠点としてお念仏のみ教えを説かれ、法義弘通に努められたのであります。

学才があり、弁舌も巧みな立派な学者であると、人々から称えられた唯円大徳は、当時の教団の中では重要な立場におられたのでしょう。その後、また関東へ行かれたり、本願寺三世門主、覚如上人に大切な法門を伝えられたり、いろいろと活躍されましたが、なかでも『歎異抄』という、現在の教団にとっても極めて重要な書物を著わしておられることは、特筆すべきことであります。

晩年、唯円大徳はまたこの下市へ帰られましたが、正応二年二月六日、遂に病のために六十八歳にて当地において往生の素懐をとげられました」

縁起は、まだまだ続きます。

その唯円大徳の墓所が寺の裏山にあるというので、住職のご案内で参拝しました。住職のお許しをいただき、墓前で『歎異抄』を拝読いたしました。出版についてのご報告もしました。すると口ごもってすらすらとご報告ができませんでした。なぜだろうか。風が吹き、青葉がそよぎました。唯円大徳のお呼び声かと思いました。お前、思い上がっていやしないか、謙虚たるべしとの思し召しだったのかも知れません。合掌、南無阿弥陀仏と去り難くもお別れをして、大阪の宿へ帰りました。

人間は自分をよしとし、正しとします。その心が自己中心となって行動をしてゆくものだから、衝突は絶えず、暗い顔をして生きてゆかねばならないのです。蓮如上人は「我を悪しと思う者はない」といわれました。それが現実相でありましょう。

島根県の松江に、浅原歳市という下駄作りの職人さんがいました。あるとき、肖像画家に自分の肖像を画いてもらったが、どうしても自分でないと言い出しました。画家が、間違いなくあなたですよと、いくら念を押しても違うといいます。画き直してくれ、どう見ても自分に似ていないと言い続けますので、ではどこが似ていないのか画家は聞きました。

すると歳市は、肖像画の頭に自分で二本の角を画いたのです。また別の説では、再度画家に二つの角を頭に画いてもってきてもらったという話もあります。私にそっくりだと喜んだという歳市の角のある写真掲載の記事を、随分昔のことですが朝日新聞で読んだことがあります。

頭に角のある歳市、鬼の歳市であります。それは怒りの相、己《おの》れ是れ悪魔なりと地獄一定の歳市の表現であります。歳市による自己の表現は邪見驕慢の角でありました。

世の人々は、悪いのはあ奴が悪いから、世間が悪いから、だからわしはこんなひどい目にあうのだと思ってしまうのでしょう。自分が詰まらない奴だと気付くことは容易ではありません。

「極重悪人」、「地獄一定のわれ」という自己の真実相の覚醒なくして、学問や知識で『歎異抄』の奥義を極めても、信心なくばその詮なしといえましょう。

「極重悪人」、それが自分であるということをいつも忘れないでおきましょう。自分の思い上りの念さえ捨てれば、明るく生きてゆけるのであります。だから『歎異抄』は絶対自由へと解放せしめる書なのであります。私たちが快活に、朗らかに生きてゆく道が約束されているのであります。

仏教の本質をあらわにされた日本仏教とはいかなるものかと問われたとき、即座に

『歎異抄』をあげるべきであり、それはまた、世界第一の書といって過言ではありません。なぜか、これほどの徹底せる自覚の書は他にないからであります。

日田市の真宗大谷派西岸寺の住職桜木信行師と坊守様の呼びかけで、年六回、当寺の聞法会で「歎異抄に学ぶ」ご縁をいただいております。

御同朋、御同行の方と共に何年間か学んできました。聖人の繰言《つねのおおせ》の個所を散文調的に書いて、信心の交わりを一層深めたいと思い出版することにいたしました。

また自坊の組内の壮年会で年三回ではありますが『歎異抄』に耳を傾けております。あちこちでお育てを戴いている私としては、ご恩報謝の念で書かせていただきました。『歎異抄』の本文の引用文は、『歎異抄』（金子大栄校注、岩波文庫）によっています。出版には、拙著『私の保育考―― 育んで、学んで』に続き、海鳥社の西俊明社長にご依頼いたしました。執筆などのご指導をいただいたお礼の念を誌して、あとがきを終わります。

合掌

二〇〇二年六月

高橋弘依

高橋弘依（たかはし・ひろえ）
1928（昭和３）年，福岡県に生まれる。大谷大学卒業。廣琳寺第二十四世住職となる。1952年，大刀洗保育園を設立，園長となり現在にいたる。著書に『私の保育考 ── 育んで，学んで』（海鳥社）がある。
現住所＝三井郡大刀洗町上高橋1714番２号

歎異抄《たんにしょう》に学《まな》ぶ

■

2002年７月20日　第１刷発行

■

著者　高橋弘依

発行者　西　俊明

発行所　有限会社海鳥社

〒810-0074 福岡市中央区大手門３丁目６番13号

電話092(771)0132　FAX092(771)2546

http://www.kaichosha-f.co.jp

印刷・製本　有限会社九州コンピュータ印刷

ISBN 4-87415-406-9

[定価は表紙カバーに表示]